GANE EN UN VERANO
EL SUSTENTO DE UN AÑO
CON UN ASADOR DE MAÍZ

GANE EN UN VERANO
EL SUSTENTO DE UN AÑO CON UN ASADOR DE MAÍZ

Mat Chaudhry

iUniverse, Inc.
Bloomington

GANE EN UN VERANO EL SUSTENTO DE UN AÑO CON UN ASADOR DE MAÍZ

Copyright © 2012 by Mat Chaudhry.

Todos los derechos reservados. Ninguna parte de este libro puede ser reproducida o transmitida de cualquier forma o por cualquier medio, gráfico, electrónico o mecánico, incluyendo fotocopia, grabación, o por cualquier sistema de almacenamiento y recuperación, sin permiso escrito del propietario del copyright, excepto en el caso de breves citaciones en artículos de crítica literaria y revistas.

Los libros de iUniverse se pueden pedir a través de librerías o poniéndose en contacto con:

iUniverse
1663 Liberty Drive
Bloomington, IN 47403
www.iuniverse.com
1-800-Authors (1-800-288-4677)

Debido a la naturaleza dinámica de Internet, las direcciones web o links contenidos en este libro pueden haber cambiado desde su publicación y pueden no ser válidos. Las opiniones expresadas en este trabajo son exclusiva responsabilidad del autor y no reflejan necesariamente la opinión de la editorial, el editor se exime de cualquier responsabilidad por ellos.

Las personas que aparecen en las imágenes de archivo proporcionadas por Thinkstock son modelos, y este tipo de imágenes se utilizan únicamente con fines ilustrativos. Imágenes de archivo © Thinkstock.

ISBN: 978-1-4759-4114-2 (tapa blanda)
ISBN: 978-1-4759-4115-9 (libro electrónico)

Este libro fue impreso en los Estados Unidos de América.

Fecha de revisión de iUniverse: 07/26/2012

CONTENTS

Introducción 1
Capítulo 1 7
   ¿Está usted listo para empezar su propio negocio?.....7
Capítulo 2 10
   Lista de cotejo para comenzar un negocio 10
Capítulo 3 21
   Inversión 21
Capítulo 4 26
   Mercadeo y Planes de Negocios 26
Capítulo 5 35
   Equipo Necesario para Comenzar un
   Negocio de Maíz Asado 35
Capítulo 6 40
   Cómo Encontrar Eventos y Festivales 40
Capítulo 7 44
   Los Procesos Comerciales 44
Capítulo 8 57
   No Todos los Asadores de Maíz son
   Fabricados Igual 57
Capítulo 9 76
   Pensamientos Finales 76
Capítulo 10 84
   Salir—La Estrategia de Salida 84
Apéndice 93
   Propuesta de Original Roasted Corn 93

Este libro está dedicado a mi encantadora esposa Rose, la que siempre me anima en mis aventuras empresariales.

GANE EN UN VERANO EL SUSTENTO DE UN AÑO CON UN ASADOR DE MAÍZ
Cómo empezar un negocio de asador de maíz

Introducción

En 1998, durante una visita al Festival de Puyallup, me di cuenta de un enorme letrero que decía "maíz asado" en el área de restaurantes. Me encanta el maíz, pero nunca antes había probado el maíz asado en una máquina. Mi antojo de una buena mazorca de maíz me atrajo hacia el vendedor, pero lo que vi después me sorprendió. Había una línea de 100 personas tratando de comprar maíz. Pensé que esta persona debe de estar dando comida gratis para atraer a esta gente, pero no, estaba cobrando la friolera de $3 por una mazorca de maíz.

Después de ver la larga fila, casi me doy por vencido a la idea de comer maíz, pero luego mi nariz percibió la mantequilla derretida, el aroma de maíz recién asado y sentí que mi pies se atoraban en el suelo. El vendededor y sus trabajadores (probablemente una operación de gestión familiar) estaban bien organizados y con experiencia. Me tomó sólo 15 minutos en llegar al mostrador de servicio. Cuando miré hacia atrás, para mi sorpresa, la fila todavía estaba allí con 100 caras nuevas. Una bombilla se encendió en mi mente, mi empresario interno comenzó a despertar, y comencé a hacer cálculos en mi mente. Los resultados fueron sorprendentes. Si ellos podían mover 100 clientes en tan sólo 15 minutos, y luego 400 en una hora, 4,000 en 10 horas, a 3 dólares por el maíz, haciendo $12,000 por día y durante cuatro días, se llevaban a casa la friolera de $48,000. Ese total ni siquiera incluía a los clientes que compraban más de una mazorca de maíz.

No fue hasta que empecé mi propio negocio que me enteré de que usted no hace esa clase de dinero. De lo contrario, todos los abogados y médicos en este país estarían vendiendo maíz y papas. Para atraer a esa clase de muchedumbre, usted tiene que encontrar un festival muy grande y bueno, tener un buen producto y proporcionar un servicio rápido. Aun así, hay momentos lentos en cada evento cuando no se tiene a nadie comprando durante varios minutos. Ese individuo del asador de maíz sin duda me llamó la atención.

Cuando por fin llegué al mostrador, pagué por mi maíz, una mujer tomó mi dinero y la otra persona sumergió el maíz en la mantequilla derretida caliente y envolvió una servilleta alrededor de la cáscara antes de entregármelo. Había dos adolescentes que trabajan en el asador a una velocidad rápida. Uno de ellos sacaba el maíz de las cajas y vi un montón de ellos. El cortaba la cáscara suelta y la seda con un par de tijeras y luego los ponía en un cubo enorme, desde donde el segundo adolescente cargaba el asador. El no dejaba de alimentar el gran y hambriento asador y a cambio, el monstruo hambriento colocaba los huevos de oro-el maíz grande, bello y dorado con un aroma irresistible.

Una mesa estaba colocada sólo a unos metros del mostrador con una gran variedad de especias. Vi de todo desde chile a las especias cajún, sal de roca negra hasta ajo. Las especias sin duda le agregaron un ambiente agradable a la caseta del maíz. Los clientes estaban experimentando con las especias. Probé un poco de pimienta negra y lima y los resultados fueron una diosa primitiva reencarnada. Sin mencionar, que estuve parado en la fila por otros 15 minutos para conseguir el segundo porque el primero sólo sirvió como aperitivo.

Después de disfrutar el maíz, permanecí allí por una hora observando la operación. Casi era el final del día, pero tuvo poco efecto en el entusiasmo del maíz. Finalmente, tuve una oportunidad para hacer algunas preguntas al vendedor, quien se veía muy alegre a pesar de un día duro de trabajo. Después de hablar de algunas generalidades, hablé francamente. Estaba tan emocionado que incluso no oculté mi intención para entrar en el negocio. En pocos minutos, fui despertado groseramente por la realidad de que estaba tratando con un culto secreto donde los terceros no eran bienvenidos.

En unos pocos días, casi olvidé el sueño de convertirme en un vendedor de maíz asado, pero entonces en enero del 2006, vi un anuncio pequeño en Craigslist de un asador de maíz en venta. Este anuncio renovó la chispa dentro de mí. En una semana estaba en el negocio por mi cuenta—bueno más o menos. La única cosa que tenía para el negocio era que poseía el asador. No tenía idea de cómo obtener los permisos y la mercancía, y sobre todo, cómo encontrar algunos eventos. Varias semanas de correr de un lado a otro, brincando en Internet y llamando a las oficinas públicas locales demostraron ser fructíferas. Sin embargo, la experiencia más difícil que tuve que afrontar fue llenar una aplicación para los eventos. La mayor parte de los mega eventos ya contaban con un asador de maíz recurrente y los que no tenían un asador no quedaron impresionados con mi curriculum vitae.

Pasé ese primer año aprendiendo acerca del negocio. Al principio, fue muy arduo encontrar información. Había muy poca información en la Internet que me pudiera ayudar en mi búsqueda de aprender acerca de mi negocio. Mi pasión por el conocimiento me llevó a los eventos donde, por horas, observé a los vendedores experimentados del maíz asado hacer negocio. Llamé a varios fabricantes para hacer preguntas. Algunos de ellos fueron de ayuda y otros estaban demasiado ocupados para contestar mis preguntas. Mientras a más eventos yo asistía, más aprendía sobre los secretos del negocio.

Me di cuenta de que poner a funcionar un asador de maíz era una ciencia. Seguir o no seguir los procesos y las fórmulas podría ser la diferencia entre el éxito o el fracaso del negocio. Había demasiadas cosas nuevas que aprender y por la falta de entrenamiento e información, tuve que experimentar mucho. La cantidad de comida para comprar, qué productos se venden mejor, cocinar a la perfección, presentación, precio, servicio al cliente, las especias, los suministros, la negociación y registrarme en los eventos eran algunas de las cosas que tuve que aprender muy rápidamente.

Después de un año de experimentación, comencé a documentar lo que funcionó y lo que no. Yo quería llevar mi negocio más allá, así que empecé a convertir mis secretos aprendidos en prácticas mejores. Puede que se sorprenda al saber que los mejores trucos del negocio vinieron de mis clientes. Ellos estaban allí como críticos para ofrecer asesoramiento. Nunca subestimé el asesoramiento de los clientes y ese fue mi secreto del éxito en la segunda temporada.

En un año, nuestra compañía aumentó de un asador solitario a una familia de cinco asadores, dos camionetas y 10 ayudantes de medio tiempo. Obtuvimos la invitación exitosamente de varios eventos grandes los que incluso no quisieron hablar con nosotros hace un año. No sólo asistíamos a los eventos, sino que teníamos tres sitios permanentes en diversos parques del centro de la ciudad. El éxito de mis posiciones creó tanto alboroto que en varias semanas vendí las posiciones permanentes en una ganancia muy razonable. Con un empleo a tiempo completo en una empresa de envergadura y un negocio estacional, no tuve tiempo para dirigir tres negocios de tiempo completo.

Yo no fui el único vendedor exitoso en este negocio. Un competidor viene a Washington desde Arizona cada verano para vender maíz en los festivales. Su pequeño imperio de maíz posee 11 asadores y la mayoría de las veces, todos ellos están ocupados en eventos diferentes. Los vi vender más de

100 cajas de maíz en un sólo evento. Cada caja contenía 48 mazorcas. Nunca quise expandirme como su compañía. Mi motivación más grande cuando inicié este negocio fue tomar un descanso del mundo corporativo y hacer algún dinero de medio tiempo. Sin embargo, pronto me di cuenta de que si usted hace las cosas bien, el negocio podría aumentar muy de prisa, y casi se convierte en una corporación por s í misma. No le estoy sugiriendo que no deba expandir su negocio rápidamente; usted debe seguir su corazón. Mis metas no eran saltar de una corporación para otra. Sin embargo, me acerqué a esa decisión que cambia la esencia de vida varias veces durante mi corta inversión pero le doy gracias a Dios, al sentido común y a la sabiduría que ganaron la batalla en todo el tiempo.

Este libro fue escrito para ayudarle a ahorrar tiempo y dinero. Más importante aún, el mayor motivo de escribir este libro no era hacer dinero de la venta de libros, que creo que de todos modos no se puede hacer con un público muy pequeño como objetivo, sino para compartir conocimientos y consejos con esas respuestas que usted busca. Todos tenemos un gurú durmiendo dentro de nosotros, que a menudo se despierta para ayudar a los demás, la forma en que la conciencia universal atrae nueva información a la piscina del conocimiento existente. El mar agitado de la economía está afectando a muchas familias últimamente y comenzar un negocio que no requiera una gran inversión podría ser un salvavidas para muchos.

Este libro es probablemente la mejor inversión que ha hecho para poner en marcha su nueva empresa. Mi buen amigo, Mark, un veterano de dos décadas en el festival empresarial solía decir: "Una temporada de festivales a tiempo parcial es mucho mejor que un año entero en un trabajo de tiempo completo." Por favor revise la información presentada en este libro. Usted no tiene que seguir cada consejo, pero utilícelo como una melodía de base y luego trate de crear su propia sinfonía. Este libro le ofrecerá soluciones a casi cada punto transcendental que enfrentará en una nueva empresa.

En mi opinión personal, el festival empresarial es uno de los mejores negocios en los que se conoce gente nueva, se hacen amigos a largo plazo y se divierte. Mi esposa y yo normalmente asistimos a los eventos conjuntamente, proporcionándonos la oportunidad de pasar un día entero juntos, un tónico maravilloso para nuestro matrimonio. Mis hijos, que asisten a la escuela primaria, han tenido la oportunidad de aprender acerca de los negocios a una edad muy joven. Mi hijo, Daniyal, por lo general gana 60 a 70 dólares al día, simplemente vendiendo bebidas en los festivales, bastante bueno para un niño de tercer grado. Todo lo que hace es invitar a los visitantes a comprar una bebida. Es posible que se sorprenda al saber cuánta gente va a comprar botellas de agua fría en un día caluroso de verano. También creo que Daniyal es un vendedor con mucho talento. Siempre simpatiza a los clientes con su conversación animada y les muestra el valor de sus bebidas, lo cual es sumamente aleccionador para su edad. Creo que una vez que crezca, va a ser un hombre de negocios exitoso.

Capítulo 1

¿Está usted listo para empezar su propio negocio?

Está bien, esa pregunta vale un millón de dólares. Usted quiere iniciar su negocio, ¿pero tiene su personalidad todos los rasgos requeridos para convertirse en un empresario exitoso?
Para aprender si usted tiene las cualidades de un empresario, hágase las siguientes preguntas:

- ¿Es usted positivo?
- ¿Se considera ingenioso?
- ¿Puede trabajar independientemente?
- ¿Piensa en forma innovadora?
- ¿Se considera optimista?
- ¿Cuenta con el apoyo de su familia y amigos para su negocio?
- ¿Es usted una persona enérgetica?
- ¿Es usted una persona que toma decisiones firmes?

Si la respuesta para cualquiera de las preguntas citadas anteriormente es no, usted podría considerar un poco más de entrenamiento en esa área. Creo que cualquier cosa puede ser aprendida, mientras hay un deseo ardiente para aprender y una mente abierta. Según Peter Sange, la habilidad de uno para vencer la percepción histórica acerca de lo nuevo o el cambio es conocida como amplitud de mente. Sus pensamientos, sus sentimientos y sus acciones crean casi todo en su vida. Si usted ha estado pensando acerca de iniciar su propio negocio, entonces usted debe actuar en esa dirección. El universo se encargará del resto.

La parte más difícil de iniciar cualquier negocio es el comienzo. Muchas personas allí afuera le harán desistir, casi cualquier cosa que sienten es un cambio de la forma de pensar habitual. Ahora, piense acerca de esto . . . Ellos proyectan en usted, sus propios miedos y falta de optimismo. Usted no tiene que estar viviendo con la interpretación de ellos. Usted debe comenzar a interpretar la canción del universo en su propia versión.

Ya sea que vaya por un empleo principal (Tiempo Completo) o por un empleo secundario (Tiempo Parcial)

Si usted está desempleado actualmente y el nuevo negocio sería su fuente principal de ingreso, entonces le recomiendo firmemente echarlo a andar como un negocio de tiempo completo. Sin embargo, si usted tiene un empleo actualmente y sólo busca hacer un ingreso adicional, entonces el empleo secundario es la dirección a la que debe dirigirse. La belleza de este negocio recae sobre su flexibilidad. Usted todavía puede mantener su trabajo principal a la vez que intenta establecer su negocio del fin de semana o de día de fiesta.

Si usted vive en uno de los estados del norte con largos inviernos, es aconsejable que encuentre un empleo durante los meses de invierno y haga un negocio de festival completo durante el verano cuando ocurren la mayor parte de los eventos y los festivales. Hay algunas ventajas interesantes y algunos escollos en operar como un negocio secundario.

La mayoría de las veces, las ventajas de empezar como una persona con más de un empleo pesan más que los riesgos. Empezar a tiempo parcial y luego pasarse a tiempo completo a menudo es una estrategia comprobada. Es inteligente, conservar su trabajo actual mientras que todavía aprende las maromas del negocio. Usted también tiene la oportunidad de conservar sus beneficios de salud, jubilación y de vacaciones a la vez que aún disfruta de un negocio provechoso. Sin embargo, usted podría encontrar difícil trabajar de seis a siete días y se sentirá desgastado muy de prisa. El cansancio mental y el cansancio físico por el exceso de trabajo también pueden convertirse en un problema para los dueños de un negocio secundario. Conozco a varios vendedores que llevan a cabo trabajos tales como ejecutivo del condado, maestro de escuela y empleado corporativo que hacen un segundo salario decente como un vendedor de medio tiempo.

Hay otras ventajas de manejar un negocio. Si usted es una persona con más de un empleo, un familiar o empleado puede operar el negocio mientras usted está trabajando. Usted tiene una estructura organizativa integrada. Usted puede enseñar a sus niños y a otros los beneficios de poseer un negocio.

Sin embargo, los vendedores de festivales más exitosos son los vendedores de carrera. Estos son los hombres de negocios que piensan y que viven este negocio durante la mayoría de las horas de trabajo. Cuando usted está muy enfocado en cualquier tarea, usted logra la excelencia en ese oficio. Es un hecho simple.

Capítulo 2

Lista de cotejo para comenzar un negocio

Proceso de seis pasos

1. Decida el tamaño y la escala de la operación.
2. Decida el menú para su negocio de comidas.
3. Compre su equipo y sus utensilios.
4. Registre su negocio.
5. Solicite y obtenga todas las licencias necesarias para operar un negocio de comidas.
6. Consiga entrar a los eventos y diviértase operando su puesto de comidas.

Lista de cotejo para comenzar un negocio en la mayoría de los estados

- Haga búsquedas en la Internet usando Google "cómo comenzar un negocio en_____ (inserte el nombre del estado)." Usted verá varios sitios útiles para guiarle en cómo comenzar un negocio en su estado.
- Consulte con su división corporativa, Secretaría de Estado, o una oficina de desarrollo comercial en su

estado (cada estado tiene un nombre ligeramente diferente) para determinar si el nombre de la empresa que desea está disponible.
- En algunos estados, no existe un organismo central donde todas las empresas deban registrarse. Dependiendo en la estructura legal seleccionada, la entidad comercial podría estar obligada a registarse con la oficina del condado local. Actualmente, muchos estados le permiten registrar un negocio a través de la Internet.
- La mayoría de los estados requieren que usted escoja una estructura legal de negocio: corporación, LLC (compañía de responsabilidad limitada), sociedad de responsabilidad limitada, sociedad general o derecho de propiedad exclusivo. Puede que tenga que pagar una cuota de inscripción de la empresa. Las siguientes son breves descripciones de los tipos de negocios. Es posible que desee consultar a la oficina de la Secretaría de Estado o en el sitio de internet de su estado para conocer en detalle.
- Un derecho de propiedad exclusivo es la forma más común de la estructura del negocio. Hay menos trámites relacionados con este tipo de negocio, y, en general, las tasas son mucho más bajas en comparación con un LLC o sociedad de responsabilidad limitada. Sin embargo, el mayor inconveniente es que el dueño del negocio es responsible personalmente por todas las deudas contraídas por el negocio y las demandas. Yo normalmente no recomiendo el derecho de propiedad exclusivo, sin embargo, es posible que desee preguntarle a su contador, si usted está interesado en esta forma de negocio.
- Una sociedad general se forma entre dos o más socios. Cada socio comparte las ganancias, pérdidas y el manejo de la empresa, y cada socio

es personalmente e igualmente responsable de las deudas de la asociación. Los términos formales de la sociedad se encuentran normalmente en un acuerdo de colaboración por escrito.
- Una sociedad limitada se establece entre uno o más socios generales y uno o más socios limitados. Los socios generales administran el negocio y participan plenamente en sus ganancias y pérdidas. Los socios limitados participan en las ganancias del negocio pero sus pérdidas se limitan a la magnitud de su inversión. Los socios limitados pueden o no estar involucrados en las operaciones diarias del negocio. Una sociedad de responsabilidad limitada es muy similar a una sociedad general, salvo que, normalmente, un socio no tiene responsabilidad personal por la negligencia de otro socio.
- Una corporación es un modelo de negocio comparativamente más complejo. Las corporaciones se consideran entidades legítimas con ciertos derechos y responsabilidades más allá de los de un individuo. Hacer negocio ofrece varias ventajas tales como una rebaja de impuestos pero es el modelo de negocio más costoso, con impuestos sobre patente más altos. Las corporaciones se podrían formarse para ganancias o propósitos no lucrativos.
- La compañía de responsabilidad limitada (LLC) está formada por una o más personas. El acuerdo de la LLC detalla las disposiciones del manejo, los intereses de cada miembro, y la distribución de las ganancias o pérdidas. A las compañías de responsabilidad limitada y sociedades de responsabilidad limitada se les permite participar en negocios o actividades legales, con fines de lucro que no sean bancarias o de seguros. Los

miembros de una LLC no pueden ser demandados personalmente. Esta es mi forma de negocios favorita. Para aprender más sobre las ventajas y desventajas de las diversos negocios legales, revise los recursos en línea disponibles en su estado.

- Nombre del Negocio o DBA (Negociando bajo el nombre de) Existe algo más que darle un nombre a su negocio porque simplemente suena bien y porque usted le gusta. Deberá considerar los requisitos estatales y locales y asegurarse de que no infrinjan los derechos de nombre comercial de otra persona.
- Las Implicaciones y los Requisitos Legales
Escoger un nombre es una parte muy importante para su negocio. El nombre le podría proveer una ventaja tremenda sobre la competencia. La estructura del negocio también afecta el proceso de nombramiento. Por ejemplo, algunos estados requieren que usted use su propio nombre para un derecho de propiedad exclusivo a menos que usted presente otro nombre como una marca registrada.

Lo más importante en la elección de un nombre es encontrar si otra empresa está usando el nombre que usted escogió. Algunos negocios sólo presentan marcas registradas dentro de su localidad, así es que el mismo nombre posiblemente podría ser usado en otro sitio. El nombre que sea fácil de recordar y que refleje su línea de negocios tiene mucho sentido.
- Negociando bajo el nombre de (DBA)
Negociando bajo el nombre de o DBA es el uso de un nombre alternativo para comerciar bajo su negocio. El DBA permite que usted haga negocios legalmente bajo diversos nombres sin tener que comenzar un nuevo negocio. Con el DBA, usted puede vender, comprar, aceptar pagos, abrir una cuenta bancaria y puede declarar los impuestos.

Las reglas del DBA de cada estado varían levemente, así que usted debe comprobar con la Secretaría de Estado de su estado para aprender más sobre las reglas. La ventaja más grande del DBA está en elegir un nombre que represente verdaderamente su marca. Usted debe elegir cuidadosamente el nombre para su negocio porque el nombre hace un impacto grande en la opinión de su negocio. El nombre debe representar sus bienes y servicios. Antes de darle los últimos toques a un nombre, usted debe investigar para asegurarse que el nombre es único y que no está siendo utilizado por alguien más. Usted puede ser demandado por usar el nombre de alguien más. Usted puede utilizar los siguientes recursos para ayudarle a buscar un buen nombre para su negocio y para evitar los nombres que ya están en uso:

- Buscar en la base de datos de la Secretaría de Estado de su estado los nombres de las empresas registradas, compañías de responsabilidad limitada (LLC) y sociedades de responsabilidad limitada.
- Buscar en la base de datos del Departamento de Rentas en su estado los nombres de las empresas registradas.
- Buscar con la Oficina de Patentes y Marcas Registradas de los E.E.U.U. para las marcas registradas.
- Buscar los nombres comerciales registrados en el Departamento de Licencias.
- Usted también podría contactar a la División de Corporaciones en la Oficina de la Secretaría de Estado de su estado para buscar marcas registradas en su estado. La ley del estado no requiere que usted registre su nombre como una marca registrada, pero créame, es una idea excelente si usted piensa que su nombre comercial ofrece una ventaja. La

marca registrada le da a usted protección en el caso de que alguien use su nombre comercial o un nombre que pueda ser confundido con su nombre comercial. Usted puede registrarse para un DBA o un nombre comercial con la secretaria de la Oficina de Estado o el sitio de internet. Ahora, recuerde que usted no tiene que registrar una marca registrada de inmediato. Esto es algo que usted siempre podría hacer más tarde, a medida que su negocio aumente.

- Número de Identificación de Empleador (EIN) Un Número de Identificación Patronal o EIN (también conocido como Número de Identificación de Empleador Federal o (FEIN) se entrega a las empresas o personas que tienen que pagar los impuestos retenidos a los empleados. Se necesita un número EIN si usted está planeando contratar a los empleados, abrir una cuenta bancaria a nombre de su empresa, o si opera su negocio como una sociedad o corporación. Por favor estudie cuidadosamente el sitio de internet del IRS para saber si usted necesita un número de EIN. Las empresas más pequeñas no necesitan un número EIN de inmediato. Si usted necesita un EIN, puede solicitarlo en línea.

Permisos, licencias e inspección

Cada estado tiene leyes que controlan los permisos y las licencias comerciales. Probablemente usted tendrá que registrar su negocio con la agencia estatal para que pueda hacer negocios en el estado. Un número de identificación de impuestos, un número de licencia comercial y un número de registro de impuestos pueden ser expedidos para su negocio, dependiendo en el estado en el cual usted opera. Según sea el condado y la ciudad en la cual usted quiere comienza un negocio, varios permisos o licencias podrían ser necesarios para iniciar el negocio. Usted debería verificar con la ciudad o condado que la ubicación comercial sea zonificada para esa actividad. La mayoría de ciudades requieren que todos los negocios ubicados dentro de los límites de la ciudad, o que realizan negocios dentro de los límites de la ciudad, obtengan una licencia con la ciudad. La aprobación de la licencia podría ser otorgada por la policía de la ciudad y el Departamento de Bomberos. Contacte a la agencia directamente si usted tiene preguntas administrativas.

Seguro de Desempleo y Seguro Industrial

Debe tener un Seguro de Desempleo y un Seguro Industrial antes de contratar empleados. Lo más probable es que usted comience su negocio de concesión con la ayuda de su familia y no sea necesario el seguro de desempleo. Usted puede encontrar más información sobre esto en el sitio de internet de la Secretaría de Estado.

Permiso de Trabajo para Menores de Edad

Dependiendo del estado donde usted opera, puede que tenga que tener un Permiso de Trabajo para Menores de Edad antes de contratar a cualquier persona menor de 18 años de edad.

Departamento de Salud

Seguridad alimentaria

Como un dueño de un negocio y trabajador de alimentos, usted preparará comida para otras personas. Estas personas confían en que usted haga todo para conservar su fresquera. Es su responsabilidad el preparar y servir la comida en forma segura para que as í ellos no se enfermen. Según el departamento de salud, los tres conceptos más sobresalientes en la defensa de la seguridad alimentaria son el control de higiene personal, de temperatura y la contaminación cruzada. Contacte el departamento de salud de su condado o el estado para recibir una copia de la guía de seguridad alimentaria que le ayudará a aprender muchísimo más acerca de la seguridad alimentaria.

Directrices generales:

1. Para evitar un cargo por retraso, siempre someta su aplicación por lo menos dos semanas por adelantado. Compruebe la fecha de vencimiento del condado en el que usted está planificando trabajar un evento.
2. La mayoría de los departamentos de salud requieren que esté presente al menos una persona con la tarjeta de permiso de manejo de los alimentos durante la operación del negocio.
3. Siempre consulte con el departamento de salud si no está seguro acerca de la conveniencia de un elemento del menú. Por ejemplo, es posible que no se le permita cortar la carne cruda o pescado en la caseta, o puede ser que necesite una mesa de vapor para servir perros calientes o las papas. En caso de duda, puede llamar al departamento de salud local para confirmar el tipo de equipo necesario para respaldar su operación.

4. La mayoría de los departamentos de salud no permiten la preparación de alimentos en el festival. La preparación de los alimentos, incluida la preparación de la carne, el lavado de las verduras, y el corte, sólo se permite en una comisaría o instalación aprobada, como un restaurante o establecimiento de servicio de banquetes. La preparación de alimentos en un puesto se limita a cocinar y repartir. La preparación casera de alimentos sólo se permite a la comunidad, organizaciones sin fines de lucro, cuando estos artículos no son considerados potencialmente peligrosos.
5. Control de la temperatura: Es muy importante seguir las directrices del control de la temperatura fijadas por el departamento de salud. El mantenimiento en frío del alimento potencialmente peligroso debe estar por debajo de 41° F. por ejemplo, si usted va a servir la crema agria o queso, se deben almacenar en una hielera por debajo de 41° F. El mantenimiento en calor del alimento potencialmente peligroso cocinado es o por encima de 140° F. La mayoría de los departamentos de la salud no permiten el enfriamiento del alimento potencialmente peligroso en la caseta. No se permite la reutilización de las sobras. Las sobras deben ser desechadas. El alimento potencialmente peligroso se debe recalentar a 165° F dentro de 60 minutos.
6. Siempre tenga en su caseta algunos termómetros aptos para alimentos. Yo tengo la mala costumbre de que se me pierden los termómetros. Estos pequeños diablillos siempre se desaparecen cuando el inspector de salud aparece. Actualmente, llevo de tres a cuatro termómetros así es que si perdiera uno, puedo encontrar otro. Un termómetro es el artículo más robado durante los eventos. ¿Por qué no? Todo el mundo los necesita.

7. No se permite que los trabajadores de alimentos trabajen en la caseta cuando estén enfermos.
8. Los acomodamientos para lavarse las manos deben estar disponibles en cada caseta. Un mínimo de un envase aislado de 5 galones con un grifo de flujo continuo de agua corriente caliente a un mínimo de 100 º F debería ser provisto. Usted puede comprar una urna de café de 5 galones usada en una tienda local de suministros de restaurantes por menos que $100. Un cubo para el agua de desperdicio, jabón de bombeo y las toallas de papel deben ser instalados y estar disponibles en todo momento.
9. Enjuague desinfectante: Agregue una cucharada de cloro en un galón de agua dulce para limpiar las superficies de trabajo, equipos y utensilios.
10. Separe siempre el asador del maíz y otros dispositivos de cocinar del acceso público usando las cuerdas u otros métodos aprobados (un mínimo de una separación de tres pies).
11. Revise el sitio de internet del departamento de salud pertinente para los requisitos adicionales.

Permiso de Manipulación de Alimentos para Trabajadores de Alimentos

Casi todos los departamentos de salud requieren una tarjeta de trabajador de alimentos en estos días. La tarjeta de trabajador de alimentos es un permiso para trabajar con los alimentos que se sirven al público. Todos los que trabajan en la industria alimentaria al preparar, cocinar y servir alimentos al público debe tener una tarjeta de trabajador de alimentos. Los que completan con éxito el entrenamiento y la prueba requerida recibirán una tarjeta de trabajador de alimentos. El entrenamiento tiene una duración aproximada de dos a tres horas, dependiendo del condado. No se le permitirá que venda alimentos sin la tarjeta de salud.

Inspecciones

Sea que usted está obligado a tener su negocio de festival inspeccionado depende de si usted usará un remolque. Los remolques están sujetos a la inspección, dependiendo en el estado y condado en el cual usted opera. Si usted no va a usar un remolque, entonces usted no podría estar sujeto a la inspección. Los asadores de maíz en ruedas son considerados remolques en algunos estados y, por consiguiente, sujetos a la inspección.

Capítulo 3

Inversión

Esta área no tiene una respuesta determinada. Eso depende de cual sea la meta de su negocio. Si usted estaba tratando de iniciar un negocio glorioso de concesión con remolque y equipo que vale miles de dólares entonces le puede costar una fortuna. Por otra parte, si usted tiene un presupuesto muy ajustado puede iniciar un negocio de concesión con unos pocos miles de dólares. Afortunadamente, el negocio del maíz asado cuesta muy poco comparado con algunos otros negocios de concesión. Sin embargo, usted debe tener bastantes fondos en el banco para mantener un flujo de efectivo positivo para los primeros pocos eventos. Después de que usted compre su equipo, todavía necesitará de varios centenares hasta algunos miles de dólares para registrarse en los eventos. Los vendedores nuevos a menudo no se dan cuenta de que requerirán de más fondos cuando se registren en los eventos, para comprar comida y para las cuotas del departamento de salud, así es que es importante separar algunos fondos para pagar por las cuotas de aplicación, para los festivales y el departamento de salud. Inicialmente, usted no podría necesitar contratar a las personas. Su familia es la mejor fuente durante la fase de arranque. Estarán entusiasmados por ayudarle porque les entusiasma también su aventura nueva, y es divertido estar todo el tiempo en festivales y ferias. Sin embargo, a medida que su negocio aumenta, usted necesitará contratar a más personas, lo cual sumará gastos a la nómina.

La mayoría de los negocios de festivales requieren una inversión inicial de entre siete mil a cien mil dólares, dependiendo del tipo y la escala del negocio. Aunque, yo he visto negocios donde el inversionista gastó más de cien mil para comprar un quiosco costoso y estupendo o un remolque. No recomiendo tirar a la basura miles de dólares para comenzar un negocio de concesión. Recomiendo comenzar modestamente y luego crecer a medida que su negocio aumenta. La mayoría de los empresarios inician un negocio con recursos financieros personales como ahorros, un préstamo de fondos de jubilación, un préstamo de la familia, una línea de crédito, etcétera. Si usted está corto de dinero, todavía puede entrar en el negocio del maíz asado con un poco de planificación. Una vez que usted ha seleccionado un negocio, póngase a buscar un equipo barato. A usted le sorprenderá saber del tipo de ofertas que puede obtener en Craigslist, otros sitios de la internet y en las subastas locales. Le requerirá algún tiempo para acumular todo lo que necesitará para comenzar pero usted podrá iniciar el negocio con el presupuesto para un cordón de zapato. Un amigo mío compró un horno de pizza que vale diez mil por sólo $3 porque fue vendido por el dueño del almacén que estaba tratando de recuperar su alquiler de un inquilino que abandonó el almacén y no pagó alquiler por varios meses. Una vez encontré un calentador de pizza completamente nuevo por sólo $300 en Craigslist. Calentadores similares fueron vendidos en tiendas en línea por más de $1800. Sólo siga buscando y cuando encuentre una buena oferta, cómprelo después de hacer la debida diligencia. Esté al tanto de los estafadores que están tratando de deshacerse de sus equipos de basura.

Financiamiento

Los bancos son muy reacios a la hora de aprobar un préstamo para un negocio de festival. Los ahorros personales son la mejor forma de inversión, así que si usted no tiene los fondos necesarios, empiece a ahorrar ahora. Es posible que desee ponerse en contacto con su oficina local de la Administración de Pequeños Negocios (SBA) para averiguar sobre los programas de garantía de préstamo disponibles para comenzar un negocio. Usted puede encontrar más información sobre la SBA buscando en Internet. Bajo la Ley de Recuperación y de Inversión de 2009, hay varios pequeños préstamos y concesiones disponibles para los pequeños negocios. Normalmente, las concesiones se ofrecen sin ánimo de lucro, pero los préstamos están disponibles para todos. Por favor revise el sitio de internet de SBA http://www.sbaonline.sba.gov/recovery/index.html para más información. Si usted ya está en el negocio y quiere un poco de ayuda con el fin de expandir su negocio, usted puede calificar para el ARC (American Recover Capital) de préstamos respaldados por la SBA.

La SBA también proporciona fondos para los prestamistas sin fines de lucro de base comunitaria que a su vez proporcionan micro préstamos de hasta $35,000 dólares a los empresarios locales y dueños de pequeños negocios, junto con entrenamiento de asistencia técnica.

Aquí está una lista de los bancos aprobados por la SBA (por estado) que ofrecen préstamos respaldados por la SBA. También puede llamar al 1-866-947-8081 para hablar con un representante de servicio al cliente sobre el programa de préstamos ARC.

Opción de Compra

El alquiler de equipo puede ser una buena opción si usted tiene un capital limitado. El alquiler de equipo de negocios preserva el capital y proporciona flexibilidad, pero podría costarle más al final por los altos cargos de la tasa de interés. Uno de los beneficios del alquiler es que sus pagos por lo general se pueden deducir como gastos de negocios al presentar su declaración de impuestos de negocios, lo que reduce el costo neto de su contrato de alquiler. La mayor desventaja de la opción de compra es que no será el propietario del equipo. Sin embargo, la mayoría de las empresas de alquiler tienen ofertas para vender el equipo alquilado a un precio muy razonable al final del período de alquiler. Si usted no ha seleccionado una empresa de alquiler financiero, es posible que desee ponerse en contacto con el fabricante para ver si trabaja con alguna empresa de alquiler. Esto le ahorrará tiempo.

Crest Capital (1-800-245-1213) es una de las compañías de alquiler con opción a compra en el negocio, que financia los asadores de maíz.

Los Costos para Comenzar un Negocio de Asador de Maíz

En este escenario, voy a utilizar el negocio del asador de maíz como un ejemplo. Si usted está planeando comenzar un negocio diferente, el costo va a cambiar.

Asador de maíz completamente nuevo y con garantía
$10,000-$12,000
Asador de maíz usado
$5,000-$8,000
Equipo adicional y accesorios
$1,200-$2,000

Camioneta o camión usado
$2,000-$10,000
Costo de los alimentos para los dos primeros eventos
$300-$1,000
Cuota por registro en los eventos
$800-$3,000
Combustible, utilidades y misceláneos
$200

¿Cuánto Dinero Usted Necesita para Comenzar?

¿Cuánto necesita usted para comenzar su negocio de concesión de festival? Esa es una pregunta válida, pero la respuesta depende del tipo y la escala del negocio. Los factores de si usted comprará equipo nuevo o usado, el alquiler de equipo o la compra, podrían cambiar la respuesta. Por ejemplo, el negocio de asar maíz puede iniciarse con $10,000 a $18,000, pero usted también podría gastar de $50,000 a $100,000 si usted va a comprar un remolque sofisticado, una caseta o un quiosco para su negocio. Usted puede echar a andar un carrito de perros calientes por menos de $8,000—incluso más barato, si usted puede encontrar uno de alquiler. Tenga en mente que el costo de comprar accesorios pequeños y los utensilios para operar su negocio le podrían agregar un costo sustancial a su presupuesto. Es importante saber lo que le hace falta para comenzar su negocio y luego tratar de comprar esos utensilios pequeños, los accesorios y el equipo en un mercado de segunda mano o en las tiendas de suministros a restaurantes. Yo encuentro a Craigslist muy útil en lo que se refiere a comprar una mesa de vapor usada, ollas, parrilla pequeña, freidoras, fuentes de bebidas, refrigeradores y calentadores, dependiendo de su menú en específico.

Capítulo 4

Mercadeo y Planes de Negocios

Las estadísticas muestran que más del 80% de los vendedores que inician un negocio de concesión de festival nunca logran llegar a su segundo año. El número asombroso de fracasos se atribuye a la falta de planificación del negocio. También muchas personas piensan que la planificación de un negocio es algo supuesto sólo para las corporaciones grandes, pero es igualmente aplicable para los negocios pequeños como el negocio de concesión de festival. Usted tiene que saber todo lo que usted pueda acerca de sus productos para venderlos eficazmente.

Incluso poniendo su plan de negocios en un simple formato escrito, así usted puede volver a releerlo de vez en cuando, es altamente recomendado y le servirá como un fijador de metas. Revise los recursos disponibles en el sitio de internet de la Administración de Pequeños Negocios. Se recomienda que cualquier plan de negocios incluya los siguientes elementos:

A. Descripción del negocio
B. Mercadeo o comercialización
C. Competencia

D. Procedimientos de operación
E. Personal
F. Metas del negocio

Corriendo la Voz

El mejor mercadeo es cuando se corre la voz. Un buen producto se vende cuando el comprador dice a otros acerca de la comida. Cuando un cliente se pasea alrededor con una mazorca grande, un bolso de palomitas de maíz endulzadas, o una oreja de elefante, es muy tentador para los otros visitantes.

Sitio de Internet

Un sitio de negocios en Internet es una parte esencial de la fórmula del éxito. Si usted quiere dar la impresión de ser a un vendedor profesional, piense acerca de un sitio de Internet. Un individuo que opera un negocio de concesión de asador de maíz realmente lo llevó más allá promoviendo su sitio de Internet y sus tarjetas de presentación en los diferentes eventos. En algunos meses, él comenzó a recibir llamadas de corporaciones grandes como Microsoft, Boeing y compañías grandes de subastas para proveer comida y bebidas a las fiestas corporativas de los empleados. Se llenó los bolsillos con varios de esos eventos, cada uno devengando de $2,000 a $4,000 en ganancias. Las tarjetas de presentación pueden hacer una publicidad asombrosa para su negocio. Si usted ofrece buena comida y de calidad en una caseta de buen aspecto, usted puede esperar que le lleguen invitaciones a algunos eventos de fiestas privadas. Yo he visto carritos de perros calientes, asadores de maíz, palomitas de maíz endulzadas y vendedores de pizza en fiestas privadas, bodas, y en eventos corporativos. Su ganancia en las fiestas privadas será normalmente muy superior a la de los festivales. Cualquiera puede estructurar un sitio de Internet simple, pero le recomiendo usar un diseñador profesional de Internet para diseñar un sitio que cree una imagen más positiva para usted. Puede contratar un diseñador muy barato en un sitio de Internet donde que tengan trabajadores por cuenta propia como www.guru.com donde centenares de diseñadores profesionales en todo el mundo cotizan en los proyectos y son muy competitivos. Usted puede conseguir el diseño de un sitio de Internet por menos de $100 usando uno de los sitios de Internet de trabajadores por cuenta propia. Incluso conseguirá hospedaje de internet gratis en godaddy.com.

Los siguientes son unos pocos ejemplos de diversos sitios de Internet.
http://www.pfroasting.com/
http://www.northwestcornroaster.com/
http://www.goodveg.org/Corn_Roaster_USA.html

Letreros o Anuncios—Todo entra por los ojos

Usted probablemente ha oído el refrán "todo entra por los ojos." Es muy cierto en lo que se refiere al negocio de festival. Usted podría tener la comida más deliciosa, los mejores precios, un personal bien entrenado y un festival con miles de personas. Si su caseta falla en atraer a las personas, probablemente es por unos letreros pobres. Usted no querrá escatimar gastos en esta área. Recuerde que un visitante asiduo de los festivales comúnmente tiene menos de unos pocos segundos para decidirse. Hay docenas de otros vendedores que compiten con usted, probablemente con casetas muy atractivas. Muchas veces, he visto a dos vendedores con productos del menú similares y con resultados opuestos. A uno le va realmente bien y hay una larga fila de personas todo el día comprando su comida. El está feliz, el dinero llega a montones y la comida vuela de la caseta como panqueques.

Por el contrario, el asiduo a los festivales ignora completamente a los otros vendedores con equipo y comida similares. Si usted presta atención a los letreros de su caseta, usted puede encontrar la respuesta.

Mala colocación del letrero

El individuo con filas continuas de clientes tiene una pancarta grande y brillante con tipos de letra normales y texto fácil de leer. Por el letrero es muy fácil decir el tipo de comida que él vende. También tiene dos letreros de bandera sobresaliendo verticalmente de la parte superior de los postes. Cada bandera también dice la clase de comida que él vende. Las banderas verticales son visibles para cualquiera, incluso para alguien que no está enfrente de su caseta. También puede verse un tablero pequeño en forma de A en la entrada al festival, dando la bienvenida a los visitantes junto con la información de su caseta. Usted también puede ver otra pancarta en la parte trasera de la caseta, haciendo propaganda a ésos que estén en ese lado. Además, hay un tablero pequeño del menú en vinil colgando de la caseta con una descripción breve de la comida junto con los precios. También tiene un par de letreros pequeños de papel atractivo enumerando sus especiales. Es muy fácil para un cliente entender la descripción de la comida y los precios. Sobre todo, él tiene un mostrador bonito de la comida que está sirviendo, representando exactamente lo que un cliente recibirá cuando lo ordene.

Por otra parte, el vendedor desafortunado con clientes infrecuentes tiene un letrero abarrotado con información acerca de los diferentes productos de comida, precios y fotos que son difíciles de entender. No hay menú y ninguna comida está en exhibición. Usted no puede decir si allí existe algo en especial. En un vistazo rápido, uno no puede decir el tipo de comida que se ofrece.

Así es como se ven los letreros desde 80 metros

Letrero bastante bien hecho

El letrero puede hacer toda la diferencia, especialmente en los festivales concurridos y grandes. Dele atención especial a los letreros. Si usted está planeando una caseta 10 x 10, entonces adquiera un letrero 10 x 10 x 5. Use letras grandes de color rojo o negro en un fondo blanco o amarillo. La cosa más importante desde el punto de vista del invitado es que pueda descifrar su producto viendo el letrero, así que asegúrese de deletrearlo grande y claro. Manténgalo simple sin añadir ninguna frase clave, si es posible. Por ejemplo, MAZORCA DE MAÍZ ASADA, PASTELES DE EMBUDO, PIZZA POR TAMAÑO, HIELO RASPADO HAWAIANO, COMIDA TAILANDESA y GYROS (emparedado griego) son buenas descripciones de la entrada principal. Si usted acierta a vender otros productos, trate de no poner cada producto en el letrero principal. Use ese inmobiliario de primera calidad para productos vendidos el 80% del tiempo.

Rojo sobre blanco o blanco sobre rojo y amarillo sobre negro atraen la atención. También, fíjese de las caídas o pandeos; debe utilizar lazos de cierre para evitar el pandeo del letrero.

El resto de los productos deberían ir en el tablero del menú. Los letreros verticales son una forma fantástica para traer atención para su caseta. Usted también puede comprar banderas ya hechas en línea para poner encima de la caseta. El letrero principal debería ser amarrado con lazos de cierre en el metal o los postes de PVC. Recomiendo firmemente usar lazos de cierre porque son más convenientes en las condiciones ventosas y pueden evitar que el letrero se recline hacia afuera. Los tableros en forma de A no son artículos muy necesarios, pero son fantásticos si usted está tratando de atraer tráfico de otras partes del festival para su caseta. Sin embargo, tenga cuidado en utilizar el tablero en forma de A. La gerencia del festival y otros vendedores podrían tener reservas acerca del tablero. Asegúrese de consultar al organizador del festival y no ponga su letrero cerca a cualquier vendedor vendiendo comida similar. Simplemente, es poco profesional y podría salir el tiro por la culata si usted no tiene cuidado en la colocación. Siempre puede colocar un tablero pequeño 2.5 x 2 al otro lado de su caseta. Llama la atención en caso de que alguien no haya notado sus letreros grandes y bonitos. Si usted tiene un logotipo, trate de usarlo en el tablero en forma de A y en el letrero principal, pero no hay necesidad para usar un logotipo enorme. No haga que sus letreros se vean desordenados. Recuerde—manténgalo simple.

Letreros en forma de bandera

Recomiendo el uso de los letreros en forma de bandera, además de los letreros normales para mayor efectividad.

El Mostrador de Comida

Recomiendo firmemente usar mostradores de comida. Usted puede aumentar el volumen de ventas hasta un 20%

si tiene productos apetitosos en exhibición en su caseta. El mostrador de comida crea un ambiente y aroma que atrae al que transita por ahí. Por ejemplo, si usted vende maíz asado entonces ponga un par de mazorcas de maíz asadas en exhibición.

Además, muestre media docena o más de maíz crudo y descascarado y parcialmente descascarado para crear ambiente. Si usted está vendiendo papas entonces ponga las papas asadas al horno con todos los ingredientes en el mostrador. ¿Puede imaginarse vender pizza sin un mostrador caliente? ¿Entonces por qué vendería usted cualquier tipo de comida sin exhibirla? No olvide cambiar la exhibición después de unas pocas horas. Lo último que usted quiere hacer es quitarle las ganas a un cliente con una una exhibición de comida que se vea mal.

Una papa grande cubierta con queso cheddar, mantequilla, cebollínes y tocino es irresistible para cualquier transeúnte. Para mostrar la papa no le ponga la crema agria, mientras que la papa está caliente. Se derretirá.

Algunas mazorcas recientemente cocinadas deben estar en el mostrador también. Usted puede utilizar el pincho para la exhibición.

Los vasos de limonada manufacturados por Gold Medal son un poco más caros pero podrían ser una herramienta valiosa de venta.

Capítulo 5

Equipo Necesario para Comenzar un Negocio de Maíz Asado

- Un asador profesional de maíz. Con un mínimo de 200-500 mazorcas por hora.
- Un calentador portátil para derretir mantequilla. Siempre uso una olla eléctrica de cocimiento lento en lugar de eso. Puede comprarla en Wal-Mart por menos que $15.
- Una mesa de vapor para almacenar las papas cocidas y las patas de pavo. Puede usar un calentador portátil en lugar de eso. Uno nuevo cuesta alrededor de $100.
- Dos tanques de gas propano de 20 libras. No compre tanques muy viejos. Usted nunca querrá jugar con el peligro en lo que se refiere a material inflamable.
- El extintor de fuego (pregunte en su oficina local del Departamento de Bomberos acerca del tipo requerido en su condado). Le darán una clasificación como 2A10BC para un extintor de fuego portátil. Usted puede adquirir uno en una ferretería local. Si usted realiza ventas de cualquier producto que necesita una

freidora y aceite, entonces podría tener que comprar una clase especial de extintor de fuego y normalmente, las ferreterías no venden ésos. Puede preguntar en la oficina local del Departamento de Bomberos acerca de las tiendas en su área que venden esos tipos de extintores de fuego. Nunca compre un extintor de fuego usado porque el riesgo es demasiado grande en lo que se refiere a los peligros relacionados con incendios.

Consejo Práctico: Siempre tenga una copia del recibo de venta del extintor de fuego y péguéselo con cinta adhesiva a la caja o al extintor. Recuerde—se requiere que los extintores de fuego sean inspeccionados anualmente.

- Carpa fácil de montar (EZ up tent)—de calidad comercial con cuatro soportes en el panel lateral de la pata. No compre una carpa barata. Si usted compra una carpa no comercial, terminará comprando otra dentro de la primera temporada. Recomiendo que compre unas de las disponibles en Costco o el Sam's Club o comprar cualquier producto comercial disponible en la Internet.
- Cuatro pesas de patas de 40 libras para la resistencia del viento (en lugar de éstos se pueden utilizar cubos llenos de agua o bolsas de arena).
- Dos soportes para las dos patas delanteras de los postes del letrero. Los postes pueden estar hechos de cualquier tubería de PVC comprada en tiendas de suministro de artículos de ferretería como Home Depot, Home Base o Lowes. Usted necesitará tres tubos (cada uno de 10 pies de largo).
- Dos letreros 2' x 4'. Cualquier imprenta local lo puede imprimir para usted. También lo puede comprar en eBay.
- Un letrero de vinil 3' x 9'.

- Caja de seguridad o una caja registradora. Prefiero una caja de seguridad porque no necesita electricidad para operarla. Sin embargo, algunos eventos grandes cobran un cierto porcentaje de las ventas como un cargo, haciendo que el vendedor use la caja registradora para monitorear los ingresos.

Consejo Práctico: siempre lleve $150 en billetes de un dólar a sus eventos. Usted se quedará sin cambio muy rápidamente.

- Jabón, toallas de papel, bote de basura.
- Un cubo adicional (de 5 galones) para el agua de desperdicio del lavado de las manos y para contener la solución desinfectante.
- Toallas de papel y paños para limpiar.
- Tenedores, tenazas de servir, tabla para cortar.
- Plataforma para elevar la comida y los productos de papel fuera del suelo. Usted puede usar una plataforma portátil de madera vieja para este propósito.
- Termómetro de metal apto para alimentos. Cualquier tienda de suministros a restaurantes se lo puede vender. No compre uno barato. Wal-Mart vende termómetros digitales por menos de $15.
- Lona para proteger el piso. Usted puede comprar una en Wal-Mart o cualquier ferretería por menos de $20.
- Para crear su estación temporal de lavado de las manos, usted necesitará un envase aislado de 5 galones con grifo. Nota: Si su asador de maíz no viene con una unidad incorporada de lavado de las manos, entonces usted está obligado a instalar una estación temporal. También puede usar una urna de café de 5 galones con un grifo.

Temporary Hand Washing Station

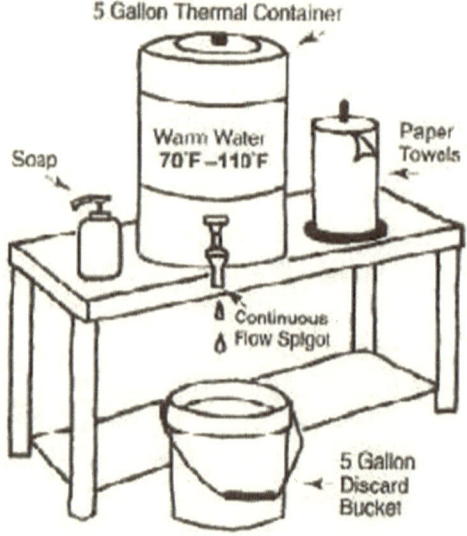

- Hielera de 60 galones para almacenar productos perecederos como mantequilla, crema agria y algunos condimentos.
- Dos extensiones eléctricas de 50 pies de largo y dos luces de toldo. Usted puede comprar estos más baratos en Wal-Mart.
- Tres mesas plegables (6-8 pies). Craigslist es un gran recurso. También, cómprele una falda a la mesa en cualquier tienda de descuentos. Usted también puede comprar las faldas desechables de la mesa en las tiendas de suministros a restaurantes. Sin embargo, al final le costarán más.
- Dispensador de servilletas y los dispensadores de condimentos. Busque una tienda de suministros a restaurantes que vendan equipo de segunda mano. Usted puede ahorrar toneladas de dinero en equipo usado.
- Envase de palillos de dientes con palillos.

- Tenedores y cuchillos plásticos.
- Un jarrón de cristal o una botella para usarlo como jarro de propina.

Consejo Práctico: siempre ponga un dólar como semilla de dinero en su jarra de la propina, de esta manera los clientes sabrán que usted acepta propinas. Durante un buen festival, usted acumulará entre $50 y $70 en propinas.

Capítulo 6

Cómo Encontrar Eventos y Festivales

Hay muchas fuentes para encontrar festivales y eventos, tal como sus amigos vendedores, las carreras de autos, la Cámara de Comercio local, las ferias y los festivales, los mercados de pulgas, los rodeos y los parques temáticos. Usted también puede chequear en Craigslist bajo la sección de la Comunidad para los eventos en su área. La Internet es una de las fuentes más grandes para encontrar eventos. Muchos sitios buenos en Internet proveen esta información.

- http://festivalnet.com/ excelente sitio y gratuito.
- http://www.fairsandfestivals.net/ otro sitio bueno.
- http://www.festivals-and-shows.com/festivals.html cubre la mayoría de los estados.
- http://www.festivals.com/ no está nada mal.
- http://www.southfest.com/ si usted vive en los estados del sur.
- http://www.southfest.com/northcarolina.shtml festivales y ferias en Carolina del Norte.
- http://californiafairsandfestivals.com/ para los residentes de California.
- http://www.sfgate.com/traveler/events/fairsfestivals.shtml área de la Bahía de California.

http://www.laffnet.org/ para los residentes de Louisiana.
http://www.nola.com/festivals/ otro para Louisiana.
http://www.festivalsdirectory.com/index.shtml para los residentes de Washington (no es gratis).
http://www.castleberryfairs.com/index.php festivales de artesanías en Nueva Inglaterra.
http://www.indianafairsandfestivals.org/ para los residentes de Indiana.
http://www.missourifairsandfestivals.org/map.htm para los residentes de Missouri.
http://www.nycstreetfairs.com/sched.html para la Ciudad de Nueva York.
http://www.smartfrogs.com/ para los estados del noreste.
http://www.kansasfairsassociation.com/events.html para Kansas.
http://www.maine.info/festivals.php para Maine.
http://www.vtliving.com/fairs/ para Vermont.
http://iowa.com/iplay/iowa-fairs-festivals/ para Iowa.
http://www.travelwisconsin.com/Fairs_and_Festivals.aspx para Wisconsin.

Aquí hay otro secreto para encontrar grandes eventos. Hágase miembro del festival de su estado y la asociación de ferias y asista a su evento anual. Usted tendrá la oportunidad de encontrar y conectarse con muchos organizadores de eventos allí. Asegúrese de intercambiar tarjetas y darles su portafolio comercial. Le sorprenderá saber cuántos organizadores están dispuestos a trabajar con usted simplemente porque lo conocieron en un escenario profesional o almorzaron con usted.

Cómo Registrarse en los Festivales que son Difíciles de Alcanzar

Escriba una Propuesta (Vea el Apéndice para un Ejemplo)

Nunca envíe una aplicación sin una propuesta que parezca agradable. La propuesta es como un curriculum vitae y nadie lo contratará sin un curriculum vitae. Los recién llegados normalmente no tienen experiencia que demostrar, por lo que recomiendo que sea creativo en ese área. Todo el mundo ha organizado alguna clase de evento en su vida así que ponga eso en una manera poética. No ponga eventos a los que usted no ha asistido.

Secreto para Entrar en un Festival que ya tiene un Asador de Maíz

Se le debe ocurrir un nombre único para su producto sin tener vender comida diferente. El maíz sazonado con especias es otro nombre ingenioso para entrar en los festivales que ya tienen un asador de maíz. Una vez que usted está adentro, a nadie le importa si usted vende maíz normal o maíz sazonado con especias. De cualquier manera, la mayoría de los festivales grandes necesitan dos vendedores de maíz.

Aquí está la receta para el maíz sazonado con especias:

> Llene un cubo de 4 galones de agua fresca. Agregue 24 onzas de aceite vegetal. Agregue la Salsa Picante de Frank (16 oz.). Pele la cáscara del maíz y sumerja el maíz descascarado en la solución, dejándolo allí de 10-20 minutos. Usted puede llenar el cubo con maíz. Después de 10-20

minutos, envuélvalos en papel de aluminio y cocínelos en el asador tal como usted cocina el maíz normal. Se cocinará en 5 minutos menos que el maíz con cáscara. Saldrá bonito y brillante con un indicio de salsa picante.

Toma más tiempo para preparar, pero ésta es una forma secreta para forzar la entrada en un festival con un asador normal de maíz. En la hoja de aplicación, usted pondrá maíz cajún sazonado con especias. Aquí está la trampa—en el evento, usted puede mezclar maíz normal con el maíz sazonado con especias. Nadie dirá nada porque la competencia estará demasiada ocupada vendiendo maíz asado. Ahora, usted sabe el secreto.

Recuerde, el 70% de los asadores de maíz venden sólo un producto, el maíz. No tienen idea lo que ellos están perdiendo. No sólo le añadirá más ingresos sino que también eso puede abrirle la puerta de entrada para muchos festivales. Todo el mundo adora un menú completo.

Capítulo 7

Los Procesos Comerciales

El Proceso de la Aplicación

El proceso de aplicación comienza con llenar la aplicación del evento. La mayoría de los organizadores de eventos crean en estos días una hoja de solicitud que está disponible en línea. Usted simplemente puede bajar la aplicación del sitio de Internet. Recuerde que los eventos buenos se venden rápido, por lo que debe llamar a los organizadores del evento para preguntarles si la aplicación está disponible en línea. Cuando la hoja de solicitud esté disponible, asegúrese de enviarla rápidamente para vencer a la competencia. No todos los eventos piden la cuota de aplicación por adelantado, pero ésos que piden la cuota con la aplicación no aceptarán la aplicación sin la cuota. La cuota de aplicación podría tomar un buen pedazo de sus finanzas, así es esté seguro de incluir con tiempo la cuota de aplicación en el presupuesto.

Le sugiero firmemente que envie por correo la propuesta con la aplicación. Usted puede ver un ejemplo de una propuesta en el Apéndice. La propuesta ofrece un aspecto profesional y le ayuda a ser seleccionado en caso de cualquier competencia. También, los vendedores profesionales dan seguimiento con una llamada telefónica para estar seguros que la persona correcta es la que está manejando su solicitud en la oficina del evento. Asegúrese de dejarle saber a su compañía de seguros la fecha del evento en caso de que el comité del evento requiera un seguro de responsabilidad. No le recomiendo que espere hasta el último minuto para enviar la aplicación. Algunos comités de eventos le cobrarán un cargo por retraso si usted se pasa de la fecha límite y luego perder su lugar en la competencia es otro gran riesgo con el que usted no querrá tener que lidiar en este negocio.

Acuérdese de que sólo con enviar por correo una hoja de solicitud no le garantiza que usted será seleccionado. Debe hacer algunas llamadas de seguimiento para asegurar su lugar en el festival. Un sitio profesional de Internet con buenas fotos y referencias podría ser muy útil en algunos casos.

Proveedores y Productores

Los proveedores y los mayoristas de productos son su clave para el éxito en este negocio. Usted no puede permitirse el lujo de comprarle la comida a detallistas, así es que usted debe encontrar a los productores capaces de proveerle comida de calidad a precios al por mayor. Cada estado y cada pueblo tiene un proveedor local que les entrega los suministros de comestibles a los restaurantes locales. Un buen lugar para empezar es "Distribuidor mayorista de comida" en las Páginas Amarillas. Si usted no encuentra algún nombre, pregunte al dueño de un restaurante local en su área. Le pueden decir donde a comprar mantequilla y vegetales frescos.

Un nombre conocido entre proveedores de comida es Sysco Food, operando 161 posiciones a todo lo largo de Estados Unidos y partes de Alaska, Hawai y Canadá. Usted podría querer encontrar a un vendedor local al por mayor si usted quiere tener más control sobre la calidad del maíz y las papas. Por ejemplo, Rosella Produce y Charlie's Produces en Seattle están entre los mejores productores. Si usted está en este central de Wisconsin, entonces usted podría encontrar a J Wholesaler Produce como un nombre de buena reputación. Si usted está en Syracuse, Nueva York, usted podría querer visitar a Produce Co. de Andy, Inc para comprar maíz de buena calidad. Baird Produce en Tampa, Bakker Produce en Indiana, y Beacon Produce en Chelsea, Massachusetts, son algunos ejemplos. Encontré el siguiente sitio de Internet una herramienta útil para localizar a los proveedores. Trate su código postal y vea si usted encuentra a algún productor local.

http://www.careersingrocery.com/index.cfm/fuseaction/showResourcesLinks

Asegúrese de llamar a varios mayoristas para comparar precios. La caja estándar de maíz viene con 48 piezas. El precio fluctúa entre $18 y $35, dependiendo de la estación y de su ubicación. En pleno verano, los precios tienden a descender y en los inicios de parte de la estación, usted podría tener que pagar más por caja. Si usted vive en uno de los estados que cultivan maíz, entonces sus precios podrían ser incluso más baratos. Si usted vive en una de las regiones que produce maíz, usted querrá encontrar un agricultor para la adquisición directa. Le ahorrará una carga de dinero y usted podrá ofrecerle el maíz fresco a sus clientes.

Seguro Comercial

Algunas compañías de seguros se especializan en seguros de concesión, incluyendo K y K y Nationwide. El costo depende de las opciones, pero el seguro mínimo cuesta entre $450 y $1400 para el año entero. Usted podría querer consultar a su agente de seguros para confirmar si proveen cobertura para los festivales y eventos provisionales. Nationwide Mutual es una la buena compañía con un buen récord de ejecución. El Riesgo Especial de Nationwide (866) 267-5244 es un poco más caro pero son muy buenos en proveer un certificado en poco tiempo. Frazier Insurance Agency y K y K son también nombres de buena reputación. Llámelos, haga preguntas y compare precios antes de comprar.

Departamento de Bomberos

Esté seguro de tener al día un extintor de fuego disponible en el sitio cuando el inspector lo visite en la caseta.

Cómo Servir Comida en los Festivales

Condimentos

El Maíz Asado: mantequilla o preferiblemente la mantequilla líquida (algunos vendedores mezclan mantequilla y margarina (50:50) para mejores resultados), pimienta picante roja, pimienta de limón, pimienta negra, sal, polvo de ajo o la sal de ajo, especia cajún y queso parmesano. Si usted tuviera una población mejicana grande en su área. Usted debería conservar limones y mayonesa, en caso de que alguien se los pida. La mayor parte de estas especias pueden ser compradas en una tienda mayorista local de suministros de comida.

Las Papas Asadas Al Horno: mantequilla o margarina, crema agria, queso rallado, pedacitos de tocino y cebollines (preferiblemente el verde). Los pedacitos de tocino son caros, usted puede probar usar pedacitos de tocino de imitación, los cuales son más económicos.

Las Batatas o Camotes: mantequilla, polvo de canela, azúcar morena y jarabe de arce.

Raciones

Maíz: El maíz está cocinado con con la cáscara para que sepa mejor. Toma de 25-30 minutos para cocinar el maíz. La cáscara se dora cuando el maíz está completamente cocinado. Una vez que se cocina, eche para atrás las cáscaras con delicadeza, como si usted estuviera pelando una banana y sáquele las sedas a cada mazorca. No le quite la cáscara ya que usted usará

esto como un palillo para agarrar. Ahora sumerja el maíz en la mantequilla derretida o use una brocha de repostería. Siempre dele al cliente una elección entre mantequilla y ninguna mantequilla, a medida que más y más personas conscientes en la salud no quieren mantequilla en el maíz. Envuelva una toalla de papel alrededor de **la cáscara antes de entregarla.**

Variedades de Maíz

En los Estados Unidos, la variedad de maíz destinada para asar es la que contiene menos almidón y más azúcar. En algunas partes del mundo los vendedores prefieren el maíz de campo excepto en Estados Unidos porque este tipo de maíz se usa para alimentar a los animales. Honey Sweet y Super Sweet son las variedades preferidas para el consumo humano.

Maíz Amarillo Mirai

Maíz bicolor (cortesía de Maíz Mirai)

Consejo Práctico: Use siempre el maíz amarillo o el maíz bicolor. Evite si puede el maíz blanco. El maíz amarillo se ve muy atractivo y más apetitoso comparado con el maíz blanco. Aunque el maíz blanco sepa mejor pero como vendedor usted querrá vender lo que gente quiera comprar y eso es el maíz amarillo.

Chris está utilizando aquí una brocha de repostería y una olla de cocimiento lento para pasarle mantequilla a una mazorca de maíz.

Consejo Práctico: Para mejores resultados, remoje las mazorcas en agua salada de 1/2 a 1 hora sin romper las cáscaras. Remuévalas del agua; sacuda el exceso de agua. Colóquelas en el asador y cocine hasta que la cáscara se torno color marrón. En los grandes eventos, tal vez usted no tenga el tiempo para remojar el maíz pero en los eventos más pequeños, usted lo puede remojar. Remojar el maíz en los comienzos de la estación cuando el tamaño del maíz es todavía pequeño hará el que el tamaño del maíz se vea más grande.

Consejo Práctico: La prueba del palillo de dientes es una de las mejores formas para determinar si la papa está completamente cocinada. Use un palillo de dientes nuevo y pínchelo en la papa antes de removerla del asador. Si el palillo de dientes entra en papa suavemente sin ninguna resistencia, la papa está lista para ser servida.

Consejo Práctico: Siempre use guantes de seguridad al remover y servir el maíz. El maíz que sale del asador es extremadamente caliente y puede quemar su brazo.

Consejo Práctico: Para los mejores resultados, compre las papas de variedad Núm. 1 o Núm. 2. Las de variedad Núm. 1 son papas enormes y se ven muy impresionantes al servir. Sin embargo, las Núm. 2 son mucho más baratas que las Núm. 1 y se ven igual de impresionantes.

Papas Asadas: Siempre lave las papas muy bien antes de envolverlas en papel de aluminio. También, siempre use un poco de aceite vegetal para recubrirlas antes de envolverlas. La papa toma de 45-60 minutos en cocinarse.

No le quite el papel de aluminio a la papa y úselo como una cubierta. La hoja mantiene la papa caliente. Use un cuchillo filoso para jacer un corte de 1.5 " en el centro de la papa, luego fracture la abertura de la papa apretando los extremos uno hacia otro. Una papa bien cocida se abre directamente a presión. Use crema agria, cebollines, tocino y queso rallado. Las papas asadas al horno quedan se sirven mejor con mantequilla y crema agria pero las papas asadas con todos los ingredientes se sirven con mantequilla, queso rallado, crema agria, pedacitos de tocino y cebollines frescos. Useted puede cobrar desde $1.50 a $2 adicional por las papas con todos los ingredientes. He visto a algunos vendedores llevar chile picante, pero no sugiero chile picante porque añade gastos y trabajo. Además, no hay muchas personas que pidan chile. Usted siempre debería guardar las papas cocidas en una mesa de vapor o calentador portátil.

Consejo Práctico: Para que la cáscara de la papa tenga una apariencia suave, recúbrala ligeramente con aceite de cocinar. Para ahorrar tiempo puede añadir aceite en un cubo grande y luego remojar las papas antes de envolverlas.

Batatas o camotes: El tiempo de cocción es de 25-40 minutos, dependiendo del tamaño. Seleccione las papas de tamaño mediano, lávelas y envuélvalas en papel de aluminio para cocinar. Recuerde, los Ñames y las Batatas son dos verduras diferentes. Aunque, el Ñame es muy popular también, pero es la batata que crea ese aroma misterioso que nadie se puede resistir.

Batatas al estilo sureño—azúcar morena, mantequilla derretida y polvo de canela. Usted puede agregar una cucharada de jarabe de arce para sabor adicional. Simplemente corte la batata por el centro y espolvoree azúcar morena y polvo de canela para servir. Las batatas no deberían guardarse por una larga temporada porque se volverán muy blandas. Usted tendrá que usar una mesa de vapor para guardar las papas cocidas.

Batatas al estilo punyabí - Chaat Masala, sal negra y jugo de lima fresco. El sabor agridulce es ciertamente un manjar y una alternativa mucho más saludable que el estilo sureño. Usted puede comprar Chaat Masala en cualquier tienda de comestibles. Cada pueblo tiene al menos una tienda de comestibles hindú en estos días.

Panyab es una región en el subcontinente. En el invierno, los vendedores de la calle venden batatas alrededor de cada esquina del mercadillo y es un bocadillo popular allí. Lo introduje en algunos de los eventos grandes y fue un gran éxito.

Patas de pavo ahumadas: sírvalas solas en un plato de papel. Compre las patas preahumadas y póngalas en el asador por 12 a 15 minutos. Guárdelas en una mesa de vapor o un calentador portátil. Estas patas son muy deliciosas una vez que salen del horno. Le sugiero firmemente que las venda en los festivales más grandes.

Condimentos: Sal, chile picante, especias cajún, pimienta con limón, queso parmesano y pimienta negra. No es fácil de encontrar patas ahumadas del pavo. Normalmente, Sysco, Cash & Carry, almacén de restaurantes y los mataderos transportan patas del pavo. La mayoría de las veces usted tiene que ordenarlos por adelantado.

Almacenando los Alimentos Cocinados

Yo encuentro que la hielera es uno de los mejores utensilios de almacenamiento para el maíz cocinado, pero su departamento local de salud no le permitirá almacenar las papas asadas en una hielera. Para las papas, ellos quieren que usted use una mesa de vapor o un calentador portátil. Otro truco que uso es colocarlas en la superficie de encima del asador, lo cual normalmente se pone muy caliente durante el funcionamiento. Si usted no tiene una mesa de vapor, pruebe usar un aluminio o una bandeja de acero inoxidable para almacenar papas y colóquelas en la parte superior del asador. Mientras usted pueda mantener una temperatura de 140 grados, el departamento de salud no le molestará.

Cómo Obtener Entrenamiento Gratis en Este Negocio

Siga muy de cerca a un asador de maíz de un área diferente que no lo considere a usted como una amenaza. Pídale a un fabricante de asadores que le busque a un amigo al que usted pueda seguir de cerca. Ellos conocen a todos los que compraron un asador en el pasado. Usted también puede tratar de llamar a uno de los vendedores locales de maíz asado y ofrecerles trabajar gratuitamente a cambio de entrenamiento. Sin embargo, no mantenga sus expectativas muy altas con las personas locales.

Inventario

La operación del asador de maíz no necesita un inventario grande. La comida, como el maíz y las papas, deberían comprarse un día antes del evento y las especias y la mantequilla normalmente duran mucho tiempo. En el calor de verano, la fécula de maíz se descompone muy de prisa y el maíz no sabe bien. Use bolsas de hielo para impedir que el maíz se descomponga. Usted también debería mantener el maíz lejos de la luz directa del sol.

Organizando la Información del Festival

Siempre mantengo un registro de mis festivales. Recomiendo usar una hoja de cálculo con varias columnas, por ejemplo, Fecha del Festival, Nombre del Festival, Lugar del Festival, Información de Contacto del Coordinador del Festival, Cuota para el Festival, Contacto en el Departamento de Salud, Productos Vendidos en el Festival, etcétera. Es importante para mantener esa hoja de cálculo al día.

Fijación de precios

La fijación de precios es realmente uno de los aspectos más importantes del negocio, afectando el resultado final directamente. Usted debe establecer cuidadosamente los precios de sus artículos. Muchos factores deberían ser considerados al establecer el precio, por ejemplo, el tipo del festival, pueblo anfitrión y la tendencia de fijación de precios en el festival. Podría querer cobrar un precio más alto en comunidades con ingreso superior, como suburbios o ciudades grandes. Sin embargo, usted debe conservar los precios moderados al prestar servicio a las comunidades con ingresos bajos. Otras cosas que pueden afectar la fijación de precios son el número de vendedores en el evento, el costo del evento, costos de la comida y tránsito en el festival. La época del año es otro factor importante porque el costo de maíz fluctúa bastante. Cuesta mucho dinero durante el invierno y la primavera y en el verano, los precios se nivelan. Las personas están dispuestas a pagarle más durante el invierno porque el maíz no está disponible fácilmente en los supermercados. Una mazorca de maíz cocida debería ser valorada entre $2.50 a $4.00, dependiendo de los factores discutidos anteriormente. Las papas y las batatas no son susceptibles a la estación. Usted debería cobrar $3.00 por las papas asadas sólo con mantequilla y $4.00 - $5.00 para las papas con todos los ingredientes. Las batatas dulces tienen normalmente un precio de $4.00 por porción. Sugiero que ajuste los precios basados en la ubicación de su negocio.

Contabilidad e Impuestos

Estas tres medidas definirán la salud financiera de su compañía:

- El estado de cuenta le indica cuánto vale el negocio.
- El estado de ganancias y pérdidas dicen si su negocio es lucrativo o no.
- El estado de flujo de caja predice su dinero en efectivo en el futuro.

El Método de lo Devengado: Esto es lo que el nombre implica. Usted reconoce el ingreso cuando usted recibe el dinero en efectivo y reconoce el gasto cuando usted paga la cuenta. La mayoría de los negocios de servicios operan la base de lo devengado porque es mucho más simple de entender.

Capítulo 8

No Todos los Asadores de Maíz son Fabricados Igual

El asador de maíz es una de las piezas más importantes del equipo en el negocio del maíz asado. Es también la pieza más cara del equipo que usted comprará en este negocio. Varios fabricantes en los Estados Unidos hacen diferentes tipos de asadores de maíz. Los modelos más populares son TCR (Tejas Corn Roaster), Original Corn Roaster y asadores hechos por Holstein. Estos tres fabricantes hacen excelentes asadores de maíz. Recientemente, varios asadores mejicanos de maíz caseros comenzaron a emerger en Tejas y California. Le recomiendo firmemente que se mantenga alejado de las máquinas caseras. Primero, estas máquinas caseras no reúnen los estándares de seguridad de UL y el estándar de higiene NSF para el mercado norteamericano (Laboratories de Underwriter, S.A.). Las máquinas caseras son a menudo diseñadas en garajes de la casa o en pequeños establecimientos de soldadura y su diseño raramente considera la seguridad del propano. La vida de esos asadores es normalmente de tres a cinco años, pero de cualquier manera usted terminará vendiéndolos después del primer año de operación.

Modelos Más Populares

TCR (Texas Corn Roaster)

Yo he usado casi cada marca disponible en el mercado y tengo buena experiencia con estos modelos. Sin embargo, tengo una afición personal por los TCR y los Original Corn Roasters. Los TCR se consideran máquinas de primerísima calidad por el estándar alto de manufactufactura y el excelente apoyo de postventa. El TCR es uno de los asadores de mejor aspecto en el negocio. Usted incluso puede pedir su color de preferencia al hacer el pedido. Los TCR son geniales si usted quiere comprar un asador que luzca auténtico. Los TCR son asadores altamente confiables y operan muy bien si usted anda buscando un asador de alta velocidad y capacidad. Los TCR también ofrecen el mejor valor de reventa porque son muy solicitados de las máquinas en la industria del asador de maíz. El único problema que he encontrado con el TCR es que la línea de propano se congela durante los meses de invierno cuando la temperatura desciende por debajo de congelación en el noroeste. Solucionamos este problema colocando los tanques de propano debajo de una colcha. La colcha proveyó el aislante requerido.

Hay dos quemadores poderosos de 250,000 btu en el asador de maíz, cada uno controlado separadamente con una válvula de seguridad y una luz indicadora para cada quemador. Encuentro el sistema de dos tanques muy conveniente. Una vez durante el Hemp Fest, uno de los tanques dejó de funcionar, pero no nos detuvo de cocinar el maíz. Nos mantuvimos operando usando el segundo quemador. Pudimos cocinar menos maíz y nos tomó mucho tiempo, pero al menos pudimos continuar operando.

Texas Corn Roaster ofrece modelos que pueden cocinar entre 200 hasta 500 mazorcas por hora. En mi experiencia, ninguno de los asadores de maíz en el mercado pueden cocinar 500 mazorcas por hora, pero cada fabricante afirma que su asador puede cocinar 500 mazorcas por hora. Logísticamente, esto es imposible porque usted no puede poner más de 80-100 mazorcas en un asador y toma entre 25 y 30 minutos para cocinar el maíz. Ken de TCR es muy honesto si usted le pregunta acerca de la capacidad verdadera de cocinar de sus asadores de maíz. Este asador cocina maíz, papas, y patas de pavo a la perfección.

El diseño de TCR es muy seguro para cocinar, manipular, moverse y empujar. Los pilotos del gas también le agregan la seguridad al diseño completo. El portaequipajes en la parte superior es una característica impresionante, especialmente si usted no tiene mucho espacio del cargamento en su camión o su furgoneta. Usted puede cargar cajas de maíz u otras cosas en la parte superior, dándole más flexibilidad. La unidad de lavado para las manos es estupenda; el calentador de agua caliente está listo tan pronto como usted inicie la operación. La tanque de agua desperdiciada es enorme y el fabricante provee todos los bombos y platillos en lo referente a seguridad tales como una señal de viraje, cadena de seguridad y llantas para trabajo pesado en todos los climas.

La pintura alta de calidad y el revestimiento de acero hacen a este asador resistente y duradero al clima. TCR usa propano y la electricidad no es necesaria para la operación. Otro gran beneficio de TCR es la opción de compra disponible a través del financiamiento por terceros. Usted puede aprender más acerca de TCR en su sitio de Internet www.cornroaster.com.

Texas Corn Roaster TM

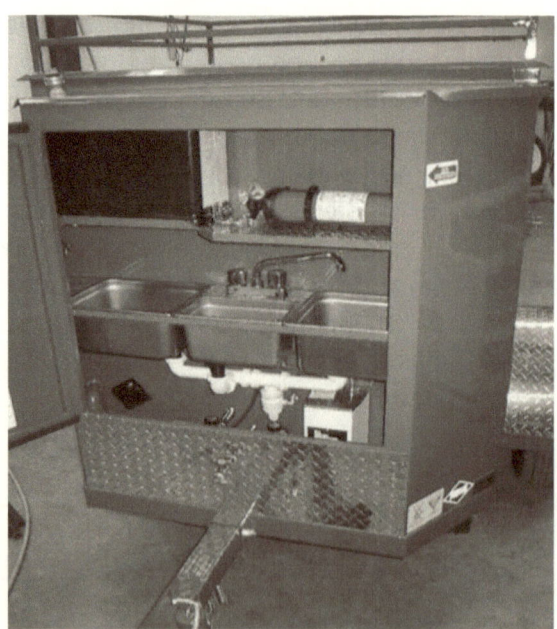

Texas corn roaster—unidad de lavado de manos

Cómo cocinar en un TCR

El siguiente proceso de cocinar debe comenzar 30 minutos antes de que el evento comience.

1. Caliente el asador a 550 grados.
2. Ponga algunas mazorcas en el estante superior y mueva hacia abajo una fila.
3. Espere dos minutos y ponga más en la fila siguiente.
4. Espero dos minutos y ponga unas pocas mazorcas en la fila siguiente.

Una vez que usted ha cargado el asador, manténgase rotándolo cada dos a tres minutos hasta que las cáscaras comienzan a tornarse marrón oscuro. Para un festival más concurrido, usted le puede agregar el maíz adicional a las filas. Cuando usted saque una mazorca, llene ese espacio con otra a menos que el evento esté por finalizar. Usted no querrá cocinar demasiado maíz.

El tiempo de cocción a 550 grados: del maíz, 22 minutos; dos papas, 45 minutos a 1 hora; las patas de pavo ahumadas, de 15-20 minutos; las batatas, el mismo tiempo que el maíz.

Nota: La hora del almuerzo es un tiempo muy ocupado.

Cómo Encender el Asador

Asegúrese de que el regulador está conectado con los tanques de propano. (1) Encienda la válvula del gas en el cilindro. (2) Empuje la válvula de seguridad a la posición Piloto y manténgala sujeta. (3) Encienda el piloto a través de las pequeñas ventanillas. (4) Gire la válvula de seguridad a la posición ON. (Asegúrese de sujetar la válvula de seguridad de tres a cinco minutos antes de girarla a la posición ON. (5) Encienda los quemadores en el panel delantero del asador. En ese momento, usted oirá un silbido de gas entrando en el quemador. Una vez que el quemador agarre fuego, cierre inmediatamente la portilla de la parte delantera (6). La cocción se hace entre 500 y 600 grados. Una vez que la cocción haya terminado, usted puede reducir la llama y usar el asador para conservar la comida caliente.

Nota: Nunca encienda el gas antes de prender el encendedor.

Nota en el regulador: Esta máquina usa un regulador de presión baja. Nunca trate de modificar el regulador. Una vez que usted ha ajustado el regulador, no lo ajuste para controlar la temperatura. En lugar de eso, use el control en el tanque de propano para controlar la temperatura.

Esté seguro de que el tanque de gas no esté cerca del asador. El departamento de bomberos le puede cerrar el negocio por asuntos de seguridad.

Preguntas Frecuentes en la Solución de Problemas

Pregunta: El asador no enciende.
Respuesta: Asegúrese de que el regulador esté conectado correctamente, que la válvula del gas esté en posición de encendido (ON) y que la válvula de seguridad del asador esté encendida.
Pregunta: El asador no está cocinando correctamente o toma mucho tiempo para cocinar el maíz.
Respuesta: Revise que la temperatura esté ajustada a 550 o más y de que usted hace girar el asador cada dos a tres minutos. Toma 22 minutos cocinar el maíz con ambos quemadores encendidos.
Pregunta: En un quemador, la llama se apaga después de cinco a diez minutos.
Respuesta: Usted probablemente tiene un par térmico que no funciona bien. Trate de limpiarlo o reemplazarlo con la parte número 2E142.

Consejo: Llame al fabricante para encontrar el número correcto de la parte.

Mantenimiento

El TCR es casi libre de mantenimiento, pero el par térmico tiende a apagarse. Sugiero comprar un substituto del par térmico, que cuesta una pequeña cantidad. Aconsejo que usted le dé mantenimiento a su equipo para un mejor funcionamiento. Una vez por temporada, lubrique las partes móviles. Para limpiar el asador, abra la portilla principal cuando el asador esté frío y barra el piso.

Información de piezas de repuesto: El par térmico 2E142 y la válvula de seguridad 2E374 hechas por White Roger Grainger 1 888-361-8649 www.

grainger.com/. Le sugiero que ordene algunos pares térmicos de respaldo. Usted nunca sabe cuándo los podría necesitar.

Advertencia: Al cocinar, nunca toque la pared externa del asador sin guantes y no deje que los niños pequeños jueguen cerca del asador. Siempre mantenga un extintor de fuego disponible.

Fabricante: Texas Corn Roaster. Para preguntas: www.cornroaster.com 1 800-772-4345

El Original Corn Roaster

El Original Corn Roaster (el OCR) es también un nombre muy respetado en la industria. Han estado haciendo máquinas altamente eficientes desde los 80. El fabricante lo presenta como el Cadillac de los asadores de maíz. Una buena característica de los OCR es que se hacen con acero inoxidable, haciéndolos altamente resistentes y duraderos al clima. También me gusta el peso ligero de la máquina. La máquina pesa acerca de 1,200 libras. Es mucho más fácil mover de un lado para otro estas máquinas por su peso liviano. Sin embargo, las máquinas de acero inoxidable son más caras comparadas con el TCR. El OCR cocina el maíz muy bien y uniformemente.

A diferencia del TCR, el OCR destina un sistema del transportador para cocinar. Las cadenas requieren mantenimiento semanal durante una temporada activa. Usted necesitará usar grasa de alta temperatura en las cadenas que usa el sistema del transportador. Este mantenimiento toma menos de 30 minutos a la semana y es libre de preocupaciones. Cada bandeja en el sistema del transportador puede sostener de tres a cinco mazorcas, dependiendo del tamaño deli maíz. Como el TCR, el OCR cocina el maíz a la perfección. Toma aproximadamente 30 minutos en 450 grados para cocinar el maíz. Por mi experiencia, los OCR son altamente eficientes con el uso de combustible. Un tanque de 40-libra le rendirá hasta 8 horas de operación continua. El quemador de 52,000 btu ofrece el mejor consumo de combustible entre todos los asadores. El consumo bajo de propano quiere decir más dinero en su bolsillo.

Advertencia: No hay luz indicadora, lo cual lo hace riesgoso para usted al encender el equipo de propano antes de prender el encendedor. El fabricante le hace firmar un contrato en el momento de la entrega; dice que usted completamente entiende cómo manejar el asador.

El OCR cocina papas asadas y batatas bastante bien. Sin embargo, no me gustó cocinar las patas del pavo en el OCR por la grasa y los jugos goteando de las patas del pavo. La grasa y los jugos hacen que el interior completo se torne grasoso. Usted puede usar papel de aluminio dentro de las bandejas para detener el goteo, pero necesita tener mucho cuidado.

Algunos OCRs vienen con una unidad de lavado de las manos, lo cual es requerido por el departamento de salud. El fabricante usa una bomba operada con batería y el calor producido por el asador calienta el agua. Nunca disfruté su sistema de calefacción de agua porque tomaba una eternidad para calentar el agua y la mayoría de las veces, el departamento de salud nos visitaba durante las primeras horas de operación. El departamento de salud no acepta la temperatura del agua por debajo de 101° F. Una forma para resolver este problema es llenándola de agua caliente en lugar de agua fría o simplemente utilizando una unidad portátil para el lavado de las manos.

Una advertencia al manejar OCRs es usar cautela extrema cuándo levantando la lengua en una calzada irregular.

Debido al balance incómodo, usted puede volcarse sobre el asador, posiblemente causando una lesión seria. Uno de mis amigo casi me mata cuando en la cuesta él levantó la lengua demasiada alta y luego perdió el control. Yo estaba en el otro extremo tratando de empujar el asador. El asador casi aterrizó en mí cuando mi empleado perdió el control de la lengua. Casi fui aplastado por el peso, pero fui muy afortunado de escapar. Sin embargo, dañó el asador y tampoco fue fácil levantar el asador de ese estado.

Si usted anda buscando un asador liviano, eficiente en combustible y simple, entonces usted querrá invertir su dinero en esta máquina. No estoy demasiado emocionado acerca de su garantía y apoyo. Ofrecen sólo 1 año de garantía comparado con la garantía de 5 años del TCR. El fabricante no es muy fácil de contactar por teléfono o por correo electrónico después de que se ha completado la venta. Sin embargo, el OCR es el único fabricante que entrega a la mano el asador de maíz y le entrena personalmente si no están muy ocupados. Aparte de lo que ya mencioné, he experimentado muy pocos problemas con el OCR.

Modelo Original 200S

Los modelos 200S vienen con una estación de lavado de las manos y según el fabricante cocinan 200 mazorcas por hora.

Los modelos 500S vienen con una estación de lavado de las manos y según el fabricante; cocinan 500 mazorcas por hora. En mi experiencia personal ninguno de los asadores de maíz cocinan 500 mazorcas por hora. No estoy seguro cómo los fabricantes llegaron a ese número.

Cómo Cocinar el Maíz en el Original Corn Roaster

Cocinando: El tiempo final de cocción depende del tipo y de la temperatura del asador. Por favor revise la sección que describe los diversos modelos de asadores de maíz para aprender más acerca de los métodos específicos para el asador. Use las siguientes guías al cocinar:

1. Maíz: 22 a 30 minutos
2. Papas asadas (2): 45 a 60 minutos
3. Ñames y batatas: 22 a 25 minutos
4. Patas de pavo ahumadas: 17 a 25 minutos

Modelo 500

Cómo cocinar maíz

El siguiente proceso para cocinar debe iniciarse antes de que comience el evento:

1. Caliente el asador a 450 grados.
2. Ponga una mazorca (no quite la cáscara) en el estante superior y muévala una fila hacia abajo.
3. Espere dos minutos y ponga una segunda mazorca en la siguiente fila.
4. Espere dos minutos y ponga algunas mazorcas más en la siguiente fila.

Una vez que usted haya cargado el asador, manténgase rotándolo cada 2.5 a 3 minutos hasta que las primeras filas estén completamente cocinadas. El maíz cocinado debería tener una cáscara color marrón oscuro. Para un festival más concurrido, usted puede agregar mazorcas adicionales en las filas. Cuando usted saque una mazorca, llene ese espacio con otra mazorca, a menos que el evento esté finalizando. Usted no querrá cocinar demasiado maíz.

El tiempo de cocción a 450 grados: del maíz, 25 minutos; las papas, 45 minutos a 1 hora; las patas de pavo ahumadas, de 15 a 20 minutos; las batatas, el mismo tiempo que el maíz.

Cómo Encender el Asador

Conecte el regulador al asador (2) Encienda la válvula del gas en el cilindro. (3) Prenda el encendedor y péguelo en el quemador a través de las pequeñas ventanillas. (4) Encienda la válvula de seguridad del asador. En ese momento, usted oirá un silbido de gas entrando en el quemador. (5) Una vez que el quemador agarre fuego, remueva el encendedor. Usted podría tener que ajustar la válvula de oxígeno si la llama es amarilla. Esté seguro de que el regulador está ajustado para darle la mejor temperatura. La cocción se hace en 450 grados. Cuando la cocción haya terminado, usted puede reducir la llama y usar el asador para conservar la comida caliente.

Advertencia: Nunca encienda la válvula de seguridad del asador antes de prender el encendedor. El gas puede estar atrapado en el asador muy de prisa, lo cual podría causar una explosión. Por razones de seguridad, siempre prenda el encendedor y luego la válvula del gas en el asador.

Nota en el regulador: Esta máquina usa un regulador de 20-psi. Nunca trate de modificar el regulador. Una vez que usted ha ajustado el regulador, no lo ajuste para controlar la temperatura. En lugar de eso, use el control en el tanque de propano para controlar la temperatura.

Esté seguro de que el tanque de gas no está cerca el asador. El departamento de bomberos le puede cerrar su negocio por razones de seguridad. El asador tiene un control de oxígeno que ayuda a impedir una llama amarilla. No es muy fácil encontrarlo porque no tiene marca en ella. Siempre mantenga un regulador adicional como un respaldo.

Preguntas Frecuentes en la Solución de Problemas

Pregunta: El asador no enciende.
Respuesta: Esté seguro el regulador está conectado correctamente. La válvula del gas debería estar en la posición ON, y la válvula de seguridad en el asador debería encenderse. En ese momento, usted oirá un silbido de gas yendo adentro. Asegúrese que usted haya prendido el encendedor antes de abrir la válvula de seguridad. El encendedor debería estar todo hacia adentro para originar la llama. Si el quemador atrapa una llama pero luego se va, usted podría tener que esperar algunos minutos para reducir drásticamente el gas atrapado.
Pregunta: Veo una gran llama amarilla.
Respuesta: Ajuste la válvula de oxígeno formada de esfera localizada cerca de la válvula de seguridad en el asador. Gírela para ajustar el nivel de oxígeno. Usted siempre querrá una llama azul clara.
Pregunta: El asador no está cocinando correctamente o toma mucho tiempo para cocinar.
Respuesta: Asegúrese de que la temperatura está ajustada a de 450 grados Fahrenheit o más alto. Gire el asador cada dos o tres minutos. Se requiere 25 minutos para cocinar el maíz, y 45 a 60 minutos para cocinar las papas.

Mantenimiento

Una vez a la semana, aceite la cadena con aceite caliente. Ese es el único inconveniente de esta máquina; requiere mantenimiento semanal. El mejor momento para aceitar la cadena es al final del festival.

Sitio Internet del Fabricante: www.orginalcornroast.com
Margen de precios: $10,000-$12,000

Advertencia: Nunca toque el muro del asador sin guantes cuándo cocina. No deje a los niños pequeños jugar cerca del asador. Siempre mantenga listo un extintor de fuego.

Asadores Holstein

Otra línea excelente de asadores, no he usado el asador Holstein solamente porque requiere electricidad además de propano. Algunos eventos, especialmente los más pequeños, no tienen electricidad. Sin electricidad, usted no puede operar esa máquina. No quise tomar ese riesgo. Casi todos los grandes eventos proveen electricidad. He oído grandes cosas acerca de su asador. Los asadores Holstein son pesados y un poco caros, pero duran por siempre. Recomiendo revisar su sitio de Internet para aprender más acerca del asador. http://www.holsteinmfg.com/roastercooker.html

Asadores Caseros

Usted encontrará bastantes asadores caseros en el mercado. Sólo una palabra los describe mejor "BASURA". Sí, estos asadores caseros no cumplen con los requisitos de seguridad o comerciales y usted terminará vendiéndolos en pocos meses. Le sugiero que se mantenga lejos de estas máquinas. Si usted tiene un presupuesto apretado, entonces trate de encontrar a un Texas Corn Roaster usado, un Original o un Holstein. Usted estará completamente mucho mejor a la larga. Busque un Asador de Maíz (Corn Roaster) en Craigslist en las áreas de Houston, San Antonio y Dallas. Usted siempre encontrará máquinas usadas en esas áreas. Sin embargo, no compre asadores hechos por tiendas de mamá y papá.

Compré los asadores de arriba por $2800 en Texas y luego pagué $1400 para para moverlo a Washington. Estaba muy desilusionado con esta compra. Se requirió $2000 y un montón de tiempo para elevar esto al estándar y aún así fue tan sólo la mitad de bueno que el TCR o el Original Roaster.

Operacionalmente no tenía un alto desempeño, pero hacía un buen trabajo.

Asador vendido en eBay

A menudo veo en eBay los asadores que se venden en un precio muy atractivo pero desafortunadamente, mi experiencia con los asadores de eBay no ha sido sino una pesadilla. La primera vez el suplidor tergiversó el asador como un Texas Corn Roaster pero resultó ser una copia barata del TCR. El usó el nombre TCR por la alta demanda de los TCR.

La segunda vez el hombre de la mudanza que recogió el asador desapareció. Me tomó dos meses y la ayuda de la policía para recobrar mi asador. Los hombres de las mudanzas son una historia diferente y yo no quiero salirme del tema aquí pero manténgase lejos de los hombres de las mudanzas que no tengan una reputación íntegra.

Otro asador barato. Cocina sólo 50 mazorcas por hora.

Este asador fue vendido como Texas Corn Roaster en eBay pero no fue hecho hizo por TCR. Manténgase lejos de los vendedores desconocidos en eBay. También, pida la póliza de devolución.

Capítulo 9

Pensamientos Finales

Los Negocios Más Calientes de los Festivales

Las personas a menudo me preguntan donde están los negocios más calientes en los festivales. Hay muchos negocios calientes del festival. Sin embargo, las partes diferentes del país favorecen comida diferente. Por ejemplo, las orejas de elefante no son tan populares en el noroeste como lo son en el medio oeste. La mazorca de maíz asada es mucho más popular en el suroeste que en el noreste. Con eso en mente, éstos son algunos de los negocios más calientes del festival:

- Maíz asado
- Palomietas de maíz endulzadas
- Orejas de elefante (Elephant ears)
- Gyros (emparedado griego)
- Helados hawaianos (durante el verano mayormente)
- Perros calientes - Hotdog (variedad)
- Helados (durante el verano mayormente)
- Pastel de embudo (Funnel cake)

¿Por qué un Negocio de Asar Maíz?

Wayne Gretzky dijo, "Vaya a donde vaya el disco, no a donde está." Citaré 10 razones a favor del negocio de asar maíz. No digo que sea lo más fácil o el negocio más lucrativo. Es sólo uno de los buenos negocios entre muchas otras ideas.

1. Inversión baja (entre $10,000 a $15,000).
2. La operación es simple. No necesita preparación o cocinar intensamente. Saque de la caja de empaque el maíz y colóquelo en el asador. Veinticinco minutos más tarde, usted tiene maíz listo para ser servido.
3. Se necesitan menos trabajadores comparados cona otros vendedores.
4. Es natural y una opción de comida sana para ésos que no pueden soportar la comida grasienta.
5. El maíz es el favorito de todo el mundo. Es considerado antipatriota en algunas partes del país no comer maíz el 4 de julio.
6. El maíz y las batatas tienen un aroma muy fuerte que hacen a las personas desear ardientemente esta clase de comida.
7. La mazorca de maíz se considera comida de poco peligro, así que no requiere permisos especiales y cuotas altas en la mayoría de los condados.
8. El margen de la ganancia es bastante elevado. Un maíz le cuesta menos de 25 centavos de dólar y le podría traer de $2.50 a $4.00, dependiendo del festival y la ciudad.
9. Hay menos equipo para llevar. Usted sabe lo que quiero decir, si usted recuerda al camión enorme del vendedor de BBQ con todo el equipo que necesitan operar.

10. Hay una salida fácil. Los asadores de maíz escasamente pierden algún valor cuando usted los vende como un paquete. Vea la sección de Salida para más detalles.

Entrevista con Ken O'Keefe de Texas Corn Roaster

Ken, ¿cuál es su consejo para un novato?

Sugeriría que todos los novatos encuentren un asador de maíz (o cualquier otra concesión) en un evento y observen cómo operan el negocio. Me he encontrado con que muchas personas quieren comienzan con un evento grande de buenas a primeras, sin saber qué esperar. Esta es la razón por la que fallan al principio porque no se preparan. Les digo a todos mis clientes que lleven a casa su máquina e inviten a sus amigos y a su familia. Que practiquen y cocinen el maíz repetidas veces en temperaturas diferentes, que se familiaricen y se sientan cómodos con la manera de cocinar de la máquina de maíz antes de que realicen ventas para el público. Lo peor que podrían hacer es ir inmediatamente y vender al público sin saber lo que la máquina hará. Recomiendo sumamente, comenzar con acontecimientos muy pequeños y trabajar lentamente hasta los grandes eventos, cuando sientan que los pueden manejar. Esta es la razón mayor por la que fallan; están abrumados desde el principio. Algunas personas solamente quieren hacer los eventos más pequeños; algunos eventualmente van a los eventos más grandes. Yo envío un DVD con todas mis máquinas que repasa la operación y el cuidado de la máquina y una lista de los suministros para ayudarlos a comenzar. Más, si recogen la máquina, reviso la de la máquina desde el frente hacia atrás y me pueden llamar gratuitamente cuando quieran para cualquier pregunta.

¿Cuál es la parte más difícil al operar el negocio de maíz asado?

La parte más difícil es reunir todos sus suministros y su equipo y establecerse en el evento. Al igual que con cualquier negocio, conlleva trabajo. Usted tiene que establecer su caseta, sus mesas, su máquina; encender la máquina; cargar su maíz y comenzar a realizar ventas. Una de las grandes cosas acerca del negocio de maíz asado es que usted normalmente trabajará de uno a tres días a la semana, dependiendo del evento. Muchos de mis clientes salen durante la semana.

¿Dónde puedo comprar maíz fresco durante todo el año?

Recomiendo buscar en las Páginas Amarillas bajo productos y buscar en Mayoristas, Feria de Productos Agrícolas, etc., Y comunicarswe con ellos y preguntar por el tipo de maíz que esté disponible durante todo el año. Variará de estado a estado.

¿Cada cuánto necesito dar servicio a la máquina TCR?

El Texas Corn Roaster es virtualmente libre de mantenimiento. Hay un rodamiento en cada lado de la máquina que necesita ser engrasado cada par de meses. El único otro mantenimiento es barrer cualquier cáscara quemada que se cae en la parte inferior después de que usted termine de cocinar. Nuestra máquina es diferente a cualquier otra máquina en el mercado. No ponemos sistemas de transmisión por cadena en nuestras máquinas. La razón es que usted necesitaría engrasar las cadenas cada vez que la usa; de lo contrario, el calor en la máquina quemará la grasa completamente y las cadenas se pondrán frágiles y se quebrarán. Además, el olor de la grasa se introducirá en el maíz cuando se cocina y los clientes se quejarán. Tampoco ponemos motores en nuestras máquinas por varias razones. Usted necesitaría la electricidad en todas partes a las que fuese para operar la máquina. Si el motor se apaga, usted no podrá vender maíz. La única razón por las que algunos fabricantes usan un motor es porque tienen que constantemente girar su maíz para evitar que se queme cuando lo pasan por encima de la llama. Nuestra máquina es diferente. Nuestros quemadores están en cada lado y el maíz está en medio de las llamas, así es que usted no tiene que girar el maíz constantemente en nuestra máquina. Nuestras máquinas se llaman los Cadillacs de los Asadores de Maíz. También ofrecemos una garantía de 5 años en nuestras máquinas. Cada aspecto de la máquina es calidad construida para durar por años.

¿Qué equipo necesito para empezar mi nuevo negocio de maíz asado?

Para comenzar, una persona necesitaría comprar una caset 10 x 10. Le recomiendo a una compañía llamada Caravan Canopy, http://www.caravancanopy.com/. Tienen las mejores casetas en el mercado. Usted necesitará un par de mesas; un calentador portátil, si usted piensa derretir su mantequilla; un envase inoxidable con tapa para la mantequilla; toallas de papel; una caja registradora; un bote de basura y las bolsas; los guantes, http://www.galeton.com / para guantes; una llave ajustable para conectar el regulador en el tanque; los condimentos; el maíz; y, por supuesto, el asador de maíz.

¿Cómo me suscribo a los eventos?

Sugiero que alguien que quiera entrar en el negocio debería contactar a la Cámara de Comercio en la ciudad en la que ellos les gustaría vender maíz y pedir una lista de los eventos que se originarán en esa ciudad. Ellos tendrán los números de contacto a los que los vendedores deben llamar para ver si pueden registrar un asador en ese evento. Una vez que una persona se registra en un evento, normalmente pueden registrarse en ese mismo evento la próxima vez que el evento llega. También les digo a mis clientes que pongan su número de teléfono a cada lado de su máquina. Tendrán a las personas llamándolos para hacer eventos privados, fiestas corporativas, etc. Usted también puede consultar los mercados de pulgas, eventos deportivos, etc. Recomiendo comenzar con eventos más pequeños para estrenarse y luego seguir adelante para los eventos más grandes.

Algunos videos interesantes que encontré en YouTube

Aquí nosotros en el International Kite Fest 2007 durante los momentos lentos. Mark toca el Ukulele. Mark, el Sr. Ukulele fue un gran éxito con las chicas.

http://www.youtube.com/watch?v=rfFnrZMFlPs&feature=related

http://www.youtube.com/watch?v=jzCmJbHFcaI&NR=1

Algunos clientes hambrientos
http://www.youtube.com/watch?v=Ea3FvsPDS6U&feature=related

http://www.youtube.com/watch?v=7_AUl6b6TBQ&feature=related

Feria Estatal de Minnesota
http://www.youtube.com/watch?v=YsuAHwFKZgI&feature=related

Vendedor de maíz asado en India
http://www.youtube.com/watch?v=dl84C3EnaSQ&NR=1

Ejemplo del Estado Mensual
Informe de las Ventas Diarias y Seguimiento de Gastos

Fecha	Total de Ventas	Impuesto de Ventas 9.01%	Cuota de Concesión 10%	Horas Trabajadas	Salarios (Horas x $9)	Costo Comida	Otros Gastos	Déposito de Banco
1	$1100	$89.19	$110	10	$90	$300	$100	
2								
3								
4								
5								
6								
7								
8								
9								
10								
11								
12								
13								
14								
15								
16								

Hoja de Proyección de Ganancia Neta

Mi Comida LLC

Partida	% Niveles Históricos
INGRESOS	
Ventas (Ingresos Brutos)	
COSTOS VARIABLES	
Costos Netos de Comida	15%-17%
Nómina de pago del empleado de la No-Gerencia	7%-10%
Cuota de Evento	5%-20%
Materiales de Limpieza	
Franqueo y Carga	
Cuotas Profesionales (Contabilidad, Legal)	
Reparación y Mantenimiento	4%
Gastos de Almacenamiento	
Propano	2%-3%
Cargos del Banco	
Sobrantes y Faltantes de Caja	
Combustible (Camión)	
Gastos de Viaje	
Depreciación	5%
OTROS GASTOS	
Gastos del Seguro Comercial	
Seguro del Camión	
Pago del Camión	
Gastos de Intereses	
Impuestos, Permisos y Licencias	
Pagos de Préstamo	
Total Todos los Gastos	
Ganancias o Pérdidas Netas	

Capítulo 10

Salir—La Estrategia de Salida

Salir de su negocio podría ser lo último en su mente a estas alturas. Sin embargo, todo negocio es vendido o cerrado algún día. Nosotros en realidad esperamos que usted nunca tenga que cerrar su negocio, pero nadie puede decir al futuro. Afortunadamente, a diferencia del negocio de cemento y ladrillo, el negocio de festival es mucho más fácil para finalizar. Muy pocos asuntos legales, aparte de los impuestos vencidos, podrían crear un problema para usted.

He visto a tantos vendedores dejar el negocio de festival en silencio. Aún esos que se habían desempeñado muy bien salieron sin dejar huella. La mejor parte del negocio de festival es la salida, lo cual le podría crear más dinero del que usted alguna vez invirtiese en el negocio.

Usted puede hacer dinero considerable vendiendo su equipo como un negocio. Lo que quiero decir por esto es que no venda el equipo solo; usted obtendrá muy poco dinero por su inversión. Trate de hacer una venta global de varios artículos. El paquete debería incluir todo el equipo, todos los festivales y eventos a los que usted ha asistido y podría volver el año siguiente, los contactos, el entrenamiento y los consejos prácticos.

Los siguientes son ejemplos de anuncios que he visto en Craigslist. Durante los años, nunca he vendido mi equipo individualmente. Siempre lo vendo como una oportunidad de negocios en un paquete.

Se Vende Negocio Completo de Concesión de Festival
$18,200

El negocio de ganancias altas y con las más largas filas en los festivales.

La venta del negocio incluye

- ✓ Grandes festivales y eventos y una feria de productos agrícolas
- ✓ 500 de las mejores mazorcas
- ✓ Asador de maíz como nuevo—Hecho en Texas
- ✓ Caseta EZ de alta calidad con rodillo (EZ top tent)
- ✓ Dos tanques de propano de 40 libras
- ✓ Dos mesas plegables con manteles
- ✓ 1 letrero enorme para la carpa
- ✓ Letrero pequeño
- ✓ Guantes, encendedor y extintor de fuego
- ✓ Bote de basura nuevo y un envase
- ✓ Mesa de vapor para las papas
- ✓ Olla para derretir la mantequilla
- ✓ Quemador para la mantequilla
- ✓ Surtido de condimentos
- ✓ 1 silla

- ✓ Cosas pequeñas misceláneas para echar a andar la operación. Cada uno de estos artículos nos cuestan mucho dinero.
- ✓ Consulta y entrenamiento si usted no tiene experiencia o quiere asegurar más lugares.
- ✓ Consulta gratis si usted quiere inscribirse a más eventos.

Especificaciones del Asador

- ✓ Modelo: S500
- ✓ Año: 2006 (Sólo se usó una temporada)
- ✓ Toda la caja de acero inoxidable
- ✓ No necesita electricidad para su funcionamiento
- ✓ Asado completo y parejo
- ✓ Regulador de alta presión + líneas de 6 pies
- ✓ Quemador a chorro que produce hasta 5,000 BTU, maáquina aprobada en la industria por la NSF. Consumo bajo de propano.
- ✓ Aprobado por los departmentos de salud del estado de Washington y otros estados.
- ✓ Matrícula con título de Washington.

Carpa fácil de montar (EZ UP Tent)

Hielera de 48-qt.

Envase aislado de agua caliente
2 mesas plegables (48" cada una)

1 mesa de vapor para las papas

Surtido de condimentos para una temporada completa

2 letreros o pancartas 3 x 10

Consulta Gratis

- ✓ Entrenamiento completo
- ✓ Consultoría contínua
- ✓ Inscripción a un festival nuevo
- ✓ Desarrollo gratis de sitio de Internet
- ✓ Cartas gratuitas de propuestas

Misceláneos

- ✓ Bote de basura
- ✓ Cubos
- ✓ Envase de almacenamiento
- ✓ Cierre de seguridad para el asador
- ✓ Suministros
- ✓ Silla
- ✓ Envase
- ✓ Tenazas de cocina
- ✓ Cables eléctricos y luces de toldo
- ✓ Caja de herramientas
- ✓ Servilletas y porta servilletas
- ✓ Platos, tenedores, etc.

Eventos:

Siete eventos y una feria de productos agrícolas y todos los contactos para el alquiler

Aquí hay otro ejemplo que vi en Craigslist. No está hecho muy profesionalmente, pero esta persona pudo vender su negocio en dos días porque su anuncio coincidía con un cierto grupo que estaba buscando esta clase de negocio.

SE VENDE NEGOCIO COMPLETO DE PALOMITAS DE MAIZ ENDULZADAS

MAQUINA DE PALOMITAS DE MAIZ ENDULZADAS DE CALIDAD COMERCIAL DE 140QT Y DE ACERO INOXIDABLE

NUESTRA OFERTA INCLUYE:

1. La unidad de máquina de palomitas de maíz y el cernidor, la carpa de concesión con letreros, la estación de lavado de manos, el bote de la basura, los utensilios, el tanque de propano y la manguera y el regulador del propano; (nuestra máquinade palomitas es fácil de usar). Un remolque adjunto 4'x8 ' está disponible sin cargo adicional.
2. Suministros para Comenzar: Todo lo que usted necesita "para sobresalir" en su primer evento. (También incluye una lista de nombres de vendedores, direcciones y los números de teléfono donde puede comprar los suministros); y
3. Entrenamiento de Participación Activa: Usted hará realmente los procedimientos paso a paso de hacer estallar el maíz y procesarlopara la venta. Usted también recibirá el conocimiento compartido de operar un negocio de palomitas de maíz endulzadas de alguien que realmente lo ha hecho, y ha operado tipos diversos de negocios de concesión por años y todavía usa el mismo tipo de equipo.

El entrenamiento de participación activa incluye:

A. Cómo hacer estallar el maíz delicioso y de calidad y sus saborese diversos;

B. La forma correcta de establecer una caseta temporal de comida que cumpla con los requisitos del departamento de salud,
C. Información de los permisos/licencias que usted necesitará; y
D. Las ideas compartidas de cómo aumentar su ganancia y expandir su negocio por el costo pequeñísimo.

EL REMOLQUE ESTÁ RECIÉN CONSTRUIDO E INCLUYE UNA RAMPA CON CAÍDA HACIA ABAJO DE LA PUERTA EN LA PARTE POSTERIOR CON 2 CERRADURAS, LUCES NUEVAS REGISTRADAS (CONCESIÓN), BUEN TÍTULO Y BUENOS RÓTULOS.

TAMBIÉN VIENE CON VARIOS CUBOS DE GRADO COMERCIAL LLENOS DE MAÍZ Y AZÚCAR, LOTES DE ACEITE DE MAÍZ, PROPANO, BOLSAS, CUCHARAS, CUBO DE LA BASURA, RECIPIENTES, ETC . . .
VIENE CON UNA CARPA 10'X10 ' QUE SE ABRE AUTOMATICAMENTE
UN LETRERO 2'X 8 ' QUE DICE "PALOMITAS DE MAÍZ DULCES Y SALADAS"

¡VIENE CON TODO LO NECESARIO PARA ESTABLECERSE Y VENDER EL MISMO DÍA QUE USTED LO COMPRA!!!

CUESTA SIMPLEMENTE 12 CENTAVOS EL HACER 10 BOLSAS QUE CUESTAN $4.00 CADA UNA.

ESTABA EN UNA EXHIBICION DE AUTOS VOLKSWAGEN EL SÁBADO 11. POR 5HRS HICE $680.00 . . . UNA "GANANCIA" DE $600.00
¡SI USTED COMPRA ESTO LE PUEDO DECIR DE VARIAS EXHIBICIONES CONCURRIDAS QUE PUEDE IR TAMBIÉN + YO ASISTIRE A SU PRIMER EVENTO Y LE AYUDARE A HACER DINERO!!! "UNA OFERTA INVALUABLE"

SU PRIMERA EXHIBICIÓN SERÍA EL PASEO de ARTE EN EL CENTRO DE LA CIUDAD DE OLYMPIA, ADIVINO QUE LE VENDERE APROXIMADAMENTE 1000 BOLSAS = $4.00 POR BOLSA
¡YO ME ESTOY MUDANDO PARA ALASKA ASÍ ES ES QUE ESTO SE TIENE QUE IR!

UN TRATO DE NEGOCIOS POR SIMPLEMENTE $3,000
¡USTED PUEDE LLEVAR ESTE REMOLQUE DETRÁS DE SU AUTO!!
PARA UN (1) EVENTO EL PERMISO CUESTA $35.00 EN EL CONDADO DE THURSTON, (DEPARTAMENTO DE SALUD DEL CONDADO DE THURSTON: 360.000.3355)

ESCRIBAME A MI CORREO ELECTRONICO EN: abcs@yahoo.com o me puede llamar al: (360) 000-1111

Alquile su Asador Cuando No lo Esté Usando

Los asadores de maíz son máquinas muy buscadas y no muchas personas se pueden dar el lujo de tener una pero aún así quieren usarlas. Yo solía alquilar uno de mis asadores a un granjero local para los eventos de laberinto de maíz que se realizaban en la granja. También alquilé mi equipo para otras fiestas confiables por una buena ganancia. Por ejemplo, el granjero solía pagarme $1,500 por 45 días. No era un mal negocio porque de cualquier manera yo no estaba usando el asador. Normalmente, usted puede obtener $300 por el asador por el fin de semana. Sin embargo, tenga cuidado cuando usted trata con desconocidos. Craigslist y otros sitios de Internet son buenas fuentes para encontrar a clientes potenciales. Revise el sitio de Internet Rent Not Buy para un listado gratis http://rentnotbuy.com/.

Apéndice

Propuesta de Original Roasted Corn

Chris y Danna
Mi Comida, LLC. (2007). DBA Original Roasted Corn

Tabla de Contenido

- Propuesta
- Antecedentes
- Menú
- Equipo para el Puesto
- Utilidades y Servicios
- Comisaria
- Letreros y Publicidad
- Acerca de Nosotros
- Eventos asistidos en 2007-2008

Propuesta

Antecedentes

El solicitante somete una propuesta de vendedor de comida para maíz y papas asadas para el Festival Evergreen 2009.

El maíz asado y las batatas son una merienda favorita a toda hora y crea una atmósfera animada con el método antiguo de asar maíz, batatas y papas grandes en un asador. Las personas anhelan sabor sabroso y disfrutan al observar el espectáculo de asar el maíz en un asador, quizá simplemente atraídas por los aromas frescos del maíz.

Persona a Contactar:
Chris Sanford
12401 N 65th Street
Seattle, WA 98103
425-000-0987
Usamos los ingredientes más frescos, preferiblemente los producidos localmente siempre que sea posible. Creemos en proveer servicio al cliente excelente con un funcionamiento saludable y seguro.

Mi Comida llevará todos los permisos necesarios, el seguro y las licencias para negociar con los gobiernos estatales, federales y locales. También hemos contactado a los departamentos de salud del condado para asegurar cla onformidad con sus estándares de salud y hemos adquirido la documentación para solicitar los permisos requeridos.

Menú

El menú tiene precios moderados y muy accesibles.

- Maíz $2.99
- Papas Asadas $3.99
- Batatas Asadas $3.99
- Bebidas (Soda/Agua) $1.00

Equipo del Puesto (Diseño y Operación)

La operación completamente autónoma y muy atractiva al ojo con una máquina de asar maíz que reúnen o exceden los requisitos establecidos por el King County Health Department y el Departamento de Bomberos.

Dimensiones de la Caseta:
10 x 10
Dimensiones del Asador:
60" Alto y 50" Ancho
Color: Acero inoxidable

Incluye fregadero de acero inoxidable de tres partes, un fregado separado para lavarse las manos con agua corriente caliente y fría para cada uno. Los tanques que mantienen el agua fresca y el agua de desperdicios están construidos para cumplir las especificaciones del departamento de salud. La caja exterior es de acero inoxidable para durabilidad y limpieza.

Utilidades y Servicios

No se necesitan utilidades para este negocio. El asador un tanque LPG de 20 galones y puede almacenar hasta 9 galones de agua fresca. La electricidad o el agua corriente no es necesaria para su funcionamiento.

Comisaria

El Corn Original Roaster usará la cocina de la Pizzeria de DaVinci (localizado en el área de Green Lake) como una comisaria para almacenar comida y limpiar los platos y las ollas en la noche.

Letreros y Publicidad

El vendedor usará un letrero 5 x 10 en el toldo para la propaganda. El vendedor seguirá las reglas adoptadas por la comisión.

Acerca de nosotros

Chris y Danna Sanford no son novatos en lo que se refiere a vender o al negocio de comida. La experiencia en comenzar un negocio de la nada y crecer alrededor de un negocio pequeño les da las herramientas para manejar un negocio bien fundado. Chris obtuvó el Grado de Maestría en Sistemas de Información de Computadoras. Danna ha dirigido un negocio doméstico de cuidado de niños exitosamente por siete años. Ella se siente dispuesta a seguir adelante hacia una aventura más desafiante pero gratificante. Chris ha sido dueño de un negocio exitoso en el pasado y sus destrezas organizativas y su ética de trabajo complementarán a Danna, mientras continúan construyendo el negocio.

Eventos Asistidos en 2007- 2012

Long Beach International Kite Festival
Taste of Edmonds
Lighthouse Festival of Mukilteo
Bothell Farmers Market
Harvest Festival
Hydroplane Races (Strait Thunder)
University of Puget Sound Festival (UP Fest)
Northgate Festival
Hog Rally
Oyster Run
Maritime Fest
Pioneer Square Park
Westlake Park Seattle Events

Mapa de la Caseta

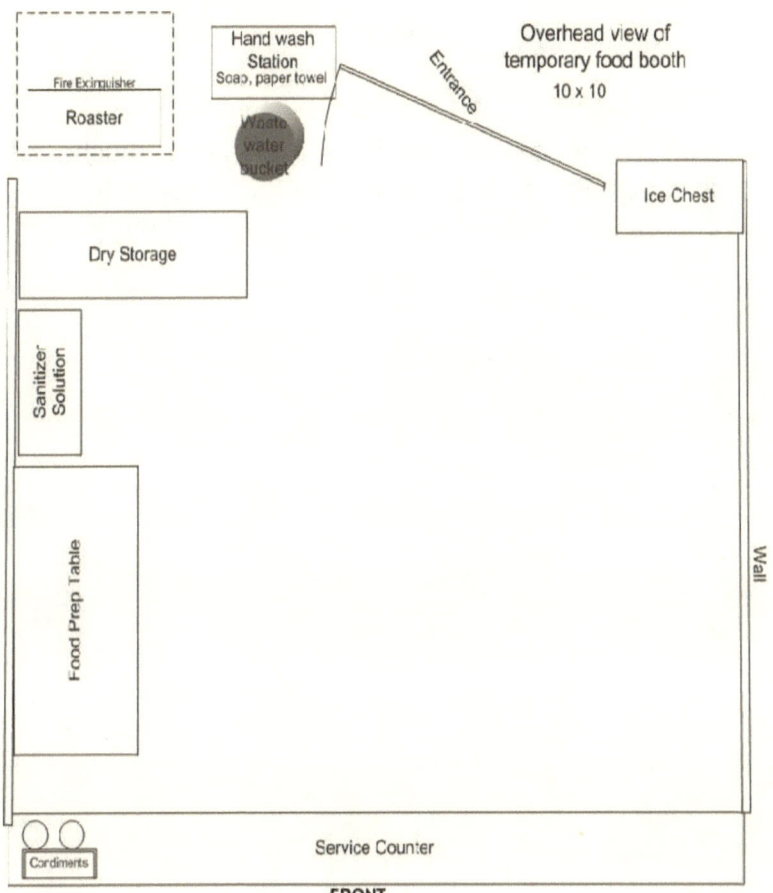

FIN

Gracias por comprar este libro. Apreciamos mucho sus comentarios. Por favor contacte al autor con su reacción y sus consejos al correo electrónico: ust_peace@hotmail.com

GANE EN UN VERANO EL SUSTENTO DE UN AÑO CON UN ASADOR DE MAIZ

Derechos de Autor © 2009
Todos los derechos reservados
Quantum Media Northwest Publishing
Seattle, WA
Estados Unidos de América

www.ingramcontent.com/pod-product-compliance
Lightning Source LLC
Chambersburg PA
CBHW030849180526
45163CB00004B/1503